U0902406

基础教育课程创新实践与教师专业发展丛书

编 委 会

儿童英语素养提升教学实践研究

王英　陈月仙　逯凌虹　著

中国科学技术大学出版社

内 容 简 介

本书作为山东省淄博市政府“校城融合”项目建设成果之一，包含儿童英语教学理论、儿童英语语言技能教学(听、说、读、写)、儿童英语文化教学三部分内容。技能教学的每一节均有案例分析，文化教学的每一节都有中外文化对比和感受。本书可拓宽教师知识面，指导教师的教学实践，培养教师的创新意识和实践能力，对小学英语课堂教学、课外辅导培训以及家庭英语教育均有参考价值。

图书在版编目(CIP)数据

儿童英语素养提升教学实践研究/王英，陈月仙，逯凌虹著. —合肥：中国科学技术大学出版社，2020.12

(基础教育课程创新实践与教师专业发展丛书)

ISBN 978-7-312-04959-0

Ⅰ.儿… Ⅱ.①王… ②陈… ③逯… Ⅲ.英语—儿童教育—教学研究 Ⅳ.H319.31

中国版本图书馆 CIP 数据核字(2020)第 081486 号

儿童英语素养提升教学实践研究

ERTONG YINGYU SUYANG TISHENG JIAOXUE SHIJIAN YANJIU

出版 中国科学技术大学出版社
安徽省合肥市金寨路 96 号，230026
http://press.ustc.edu.cn
https://zgkxjsdxcbs.tmall.com

印刷 安徽国文彩印有限公司

发行 中国科学技术大学出版社

经销 全国新华书店

开本 710 mm×1000 mm 1/16

印张 9.75

字数 202 千

版次 2020 年 12 月第 1 版

印次 2020 年 12 月第 1 次印刷

定价 43.00 元

总　　序

愿每个人都成为教育改革的积极力量

淄博师范高等专科学校是一所以培养、培训小学及幼儿教师为主的全日制普通高校。自创建以来，一直弘扬“与时俱进”的精神，秉承“立德树人”的校训，大力实施“质量立校、人才强校、特色兴校”战略，为淄博市乃至山东省的基础教育和社会发展做出了重要贡献。2018 年，学校依托淄博市“校城融合”项目——基础教育创新发展研究平台，专门成立了基础教育创新发展研究院。为充分发挥研究院服务地方基础教育创新与发展的引领作用，推进“校城融合”子项目的落地和实施，研究院采取充分开放的合作机制，遴选校内外相关领域的学术专家编写了“基础教育课程创新实践与教师专业发展丛书”，及时解读教育政策变化，介绍国内外先进的教育理论成果和实践经验，撷取最新的教育观点、典型教育事例，捕捉教育发展的生长点，建构具有新时代特色的教育教学实践范例及理论成果，据此提升基础教育理论的研究水平，更好地服务于地方基础教育工作。

本丛书在写作过程中力求体现三个特点，即“真问题导向”“高观点关照”“实研究支撑”。

其一，真问题导向。“问题”是研究的出发点，没有“问题”就没有真正的“研究”，就是“假研究”。需要注意，“问题”本身也有真假。“真问题”一定是客观存在的、作用关键的、体现事物深层意义和本质问题的。丛书中的每一个写作主题，均源于对基础教育改革实践中真问题的发现和思考。众所周知，“问题”的价值、意义曾长期遭到忽视，甚至被视为改革发展前进道路上的敌人。其实，问题就意味着机会，发现问题就意味着开辟了新的发展空间。真问题表现了一种发展的鲜活状态，是我们这个时代真实状态的表达，是对基础教育一线呼声的回应，是解答和处理问题的指向标。丛书中的每一本著作，均洋溢着鲜明的导向，即通过反思调研发现问题，通过理性分析界定问题，通过追根溯源锁定问题，通过切实措施解决问题。

其二，高观点关照。基础教育改革如火如荼地进行着，在取得种种进步的同时，各种乱象、弊病亦频频出现，干扰了我们前进的方向，拖累了我们前进的行程，阻滞了我们前进的精气神。怎么办？“不畏浮云遮望眼，自缘身在最高层”，只有通过历史的眼光仔细审视，借助高端的理论深入剖析，运用系统的方法整体关照，我们才能居高临下、前后联系地在复杂的现实中开拓出璀璨美好的教育新境界。基础教育改革对我们提出了更高的要求，如何站上理论的高处关照改革进程中的真问题、真事件、真举措，如何区辨“来路”，走出“歧路”，开创“新路”，拓宽“正路”，延伸“远路”，成为本丛书要回答的问题。理论和实践都告诉我们，基础教育是一种历史与现实的共同存在，我们尝试着从新时代的坐标系中思考基础教育的发展。这个新坐标系的原点是核心素养视域下的儿童发展，横坐标是教育改革发展的内容维度（或称构成要素），纵坐标是教育改革发展的生成维度（或称历史演进），横坐标与纵坐标共同构成了具有召唤性的教育发展结构。我们循着历史的脉络，行进于现实的世界，做着面向未来的研究工作，尽我们所能给出有益于基础教育可持续发展的建议。

其三，实研究支撑。好的研究必须经历真实的过程。以前常听人们说的“开题轰”“结题空”“中间松”，批评的就是没有真实过程的“假研究”。当研究活动异化成了书面材料的简单累积、东拼西凑的技能应用、抄来抄去的反复折腾，真研究的旨趣便消失殆尽了。讲实话，本丛书来之不易，每一本书都是作者长时间研究的结晶，有的书稿的写作持续了近20年。多年来，他们一直醉心于自己选定的研究主题，不仅成功地申报了各级教育科学规划课题，还充分利用其他时段和机会进行孜孜不倦的研究和论文撰写，积累了大量的高品质研究成果。在研究的过程中，既有取得突破的愉悦，也会遭遇挑战乃至失败，于是进一步学习、研究、改进，不懈地向前，不断地提升，最终品尝到了成功的喜悦。

值此丛书付梓之际，谨向参与丛书创作的各位老师和专家致以崇高的敬意，向关心、支持本丛书写作和出版的各位领导、专家致以诚挚的谢意！

过去不易，当常怀反思敬畏之心；未来已来，应不负时代执着向前。“我们在一起，就像一滴水融入另一滴水，就像一束光簇拥着另一束光。因为我们知道，唯有点亮自己，才有个体美好前程；唯有簇拥在一起，才能照亮国家的未来。”未来需要你我的共同照耀，愿我们每个人都在平凡、真实的生活中创造出属于你我的伟大和可爱，愿每个人都成为推动教育改革的积极力量！同时，也期待基础教育创新发展研究院在校内外专家学者的关心支持和共同努力下，成为校城融合和教师职业能力提升的可持续发展的优质教科研平台，广聚贤才，推动学校教学科研工作的顺利开展，提高基础教育服务地方发展的质量和水平。

周巧玲

2020 年 3 月于淄博师专

前　言

外语教育与国家的发展息息相关，随着我国经济发展进入新常态，英语教育也相应地要体现出重质量、重效益、可持续的新状态。国家的发展迫切需要高素质、国际化人才，而人才的培养离不开优秀的教师，师范类院校的英语教育专业正在为社会输送英语人才的培育者！

初入师专的几年，作为一名毕业班的英语教师，我每年都带学生到小学实习、见习。学生们从讲台下走到讲台上，尽管经历了教法课上无数次试讲、说课，还是有很多学生无所适从，在备课、上课、研课各个环节存在许多障碍。我一直在思考，怎样让学生在较为枯燥的英语教法理论中有趣地习得英语知识，独立地运用教学技能。于是，我有了从儿童教育学理论、教育心理学、儿童英语教师的基本素质等几个维度补充儿童英语教学法在纵向上研究备课、讲课、研课等内容的想法。

师者，传道授业解惑也！既然要传道，就不能只研究教学。文化是维系一个民族生存和发展的强大动力，自尊、自信、自强的民族意识来自对文化的传承和弘扬，文化强国需要教育阵地。提升学生的文化素养，培养具有社会公德和国际视野的职前教师是师范教育者的责任。在长期的英语教学实践中，西方文化充斥于各级、各类教材，英语文化教学更多地是在讲西方文化，而英语素养中的文化素养实际上应该包括中、西方两种文化的素养。面对纷繁复杂的文化融合问题，我们要学会借鉴和吸收优秀文化，同时也要避免受到西方负面文化的影响。

本书书名“儿童英语素养提升教学实践研究”明确了本书的两大功能，前半部分从教育学、心理学、教学流派、听说读写实际操练方面系统地指导学生讲课，后半部分从儿童耳熟能详的称呼、饮食、色彩、家乡角度引领学生学习、感悟中华传统文化。作为当代小学英语教师和职前教师，我们不仅要有“讲一碗水，有一桶水”的概念，更要时刻告诫自己，讲英语、教英语要时时游走在语言和文化的断层处，研究语言，提炼文化，撒播知识，播种信念。

希望本书能成为师范类院校英语教法课的有益补充，为弘扬中华传统文化、构建和谐社会尽一份绵薄之力。愿物华天宝、人杰地灵的中华大地孕育出一代代更优秀的英语园丁！

目　录

第一章　儿童英语教学的理论基础

英语教学受到教育学、心理学、语言学、社会学、人类学等学科的影响，其中最主要的是语言学理论、心理学理论和教育学理论。本章选取了与儿童英语教学紧密相关的理论进行论述，包括语言学理论、心理学中的学习理论和外语教学理论三大部分，阐述了语言学理论和学习理论的基本观点，教学理论的主要特点、优点和缺点，并分析了它们对儿童英语教学的启示。

第一节　语言学理论基础

本节对与儿童英语教学密切相关的语言学理论基础进行了研究，主要包括结构主义语言学(structuralist linguistics)、转换生成语言学(transformational generative linguistics)和系统功能语言学(system-functional linguistics)三大理论。

一、结构主义语言学

(一) 索绪尔的结构主义语言学

1916 年，索绪尔的《普通语言学教程》出版，标志着结构主义语言学诞生，也标志着普通语言学的建立。结构主义的“结构”指的是索绪尔的“系统”。索绪尔认为,语言是由各个要素构成的一个系统,语言学研究的不是各个要素,而是各个要素之间的关系。索绪尔语言学的核心观点主要有:

1. 区分语言的研究和言语的研究

索绪尔将言语行为分为语言和言语两部分:语言是纯心理的内容,是在言语活动范围内人们的心理印象,是不依赖于个人的,是“言语行为的社会部分”。言语是“言语行为的个人部分”,包括说话者的意志组合(即心理)和语音表达。语言由言语构成,言语要产生表达效果、为人所理解,也离不开语言。语言学研究的对象是属于社会部分的语言,而不是属于个人部分的言语。

2. 语言研究就是要从所指和能指中找出它本身的价值

索绪尔认为,语言是由所指和能指构成的有价值符号系统。所指是指语义(或内容),能指是指语言形式。形式能表达语义,语义需要形式来表达,两者之间是互相对应的关系,共同帮助语言实现交际功能,体现语言价值。这里索绪尔指明了语言研究的切入点。

3. 区分共时研究和历时研究

索绪尔在《普通语言学教程》里提出:“有关我们的科学的静态方面的一切都是共时的,涉及进化的一切都是历时的。”索绪尔认为,言语是个人的,是千变万化的,其特点主要表现为时间阶段上的演变,所以是历时的;语言是社会的,在整个发展过程中是比较稳定的,是静态的,所以是共时的。索绪尔认为共时语言学研究的是同时存在的语言的各成分之间的联系,是属于整个系统的逻辑和心理的关系,是最主要的。

4. 确定语言成分的句段关系和联想关系

句段关系指说话时各个词排列在言语的链条上面所结成的关系。这些要素可能只有一个词,可能是一串词组成的句子。句段关系例如词的结构分析、词组结构分析、句子层次分析等。联想关系指话语之外出现在说话者的记忆里,与说出的每个词有一些共同点相联系着的语言成分。联想关系例如名词的复数变化和所有格变化,动词的进行体、完成体、过去时、将来时等时态变化。

(二) 美国结构主义语言学派

索绪尔之后,结构主义发展为3个主要的流派:布拉格学派、哥本哈根学派和美国学派。美国结构主义学派也称美国描写语言学派,是结构主义语言学影响最大的一派,代表人物为布龙菲尔德。1933年布龙菲尔德出版的《语言论》,成为美国结构主义学派的纲领性著作。

美国结构主义学派是20世纪20年代美国学者在调查美洲印第安语的基础上逐渐形成的语言学流派。他们认为语言是由各要素组合起来的,语言的价值体现在各要素之间结成的关系上,并试图找出这些关系的规律。他们学习研究的是社会共用的语言，而不是某人特征的言语。他们重视口语、重视记录实际语言与共时描写、重视形式分析，有些人甚至排斥语言的意义。在结构分析中，主要研究分布情况和运用替代的方法，常常采用直接成分分析法来分析结构层次。在描写中注重分布，并在其基础上对语言各单位进行切分、归并分类和组合，重建了语音和语法相结合的语素音位概念。

（三）结构主义语言学对儿童英语教学的启示

(1) 教师角色的转变。结构主义要求教师成为学生主动建构意义的帮助者、促进者而不是知识的传授者、灌输者。教师在教学中应通过情景创设和建立新旧知识联系，帮助学生建构当前所学知识的意义，组织协作学习，开展讨论与交流。外语教学中应该保证一定的语言实践量，采取以学生为中心的教学模式，组织策划各种活动，激发学生的兴趣，提高学生语言运用能力。

(2) 学生角色的转变。结构主义强调以学生为中心，学生是有意义的学习建构者。师生关系不仅仅是知识赖以传授的条件，更是学生人生初期人际交流的一部分。平等、合作、互动是外语教学成功的必要条件。

(3) 听说领先。在儿童学习语言初级阶段，必须有大量的输入，输入的主要形式就是听。只有提供给儿童大量的听说外语的机会，他们才有可能在此基础上逐步尝试使用外语表达思想，最终达到自如运用外语的目的。

二、转换生成语言学

（一）转换生成语言学的基本观点

1957年美国语言学家乔姆斯基(Chomsky)出版《句法结构》一书，标志着转换生成语言学的诞生。这一理论建立在理性主义的哲学基础之上，与建立在经验主义基础之上的结构主义完全不同。转换生成语言学的出现是对美国结构主义的一大挑战，被称为“乔姆斯基革命”(Chomsky’s Revolution)。

(1) 乔姆斯基提出语言能力(linguistic competence)的概念，语言能力是说话人对语言的全部知识，是内在的。语言行为是语言能力的具体运用，是外在的。语言学的任务就是研究语言能力，研究语言使用者已经掌握的潜在规则系统。

(2) 乔姆斯基把语言定义为一套规则或者原理，认为语言是一个“由规则控制”(rule-governed)的系统。这个规则系统包含语法、语音和语义三部分。语法包括“基础部分”和“转换部分”两套规则：“基础部分”可以生成深层结构，“转换部分”把深层结构转换成表层结构。语音和语义的规则仅是解释性的，分别赋予句子以语音和意义的表现形式。

(3) 乔姆斯基认为语言学习是一种内在的机能，它在直觉基础上工作。“语言习得机制”是人类由遗传获得的，它具有生成语言的能力。语言学家的目标应该是创造一种有生成能力的语法。

(二) 转换生成语言学对儿童英语教学的启示

(1)“任何语言都具有生成性,而这种生成性是由规则控制的。”这意味着语言教学必须是一个有目标、有计划、有步骤的过程体系。儿童英语教学需要完整的目标和计划体系设计,以保障儿童英语教学的有效性和延续性。

(2)“语法规则存在于人的大脑中。”人能够自发地运用语法规则,并不意味着语法规则只能自然习得。掌握一种语言技能可以通过主观努力去实现,而要达到自然、流畅则需要不断使用它。因此教学中需要为儿童创造说的机会、用的环境,让儿童在自然过程中习得英语。

(3)“人脑有天然的机能,能学会任何语言。”学习语言是人类特有的行为活动。一个人只要处在一个有意义地使用语言的环境中,他就能学会这种语言,不管他年龄有多大。因此教学中应为儿童创造有意义地使用语言的环境,帮助儿童树立说英语的信心。

(4)“任何活的语言,我们都可以通过其进行思考。”语言、思维和意义是紧密相连的。学习一种语言,就要用这种语言去思考。有意义地使用这种语言,并最终获得这种语言的思维和运用能力是外语教学的根本目标。

(5)学习过程中犯错是不可避免的。犯错也有好的作用,表明学习者正积极尝试使用这种语言。儿童英语教学中教师必须正确看待儿童的错误,无论是口语还是书面语,不要见错就纠,应该给予儿童犯错的空间。否则会影响儿童的学习积极性,形成对英语学习的惧怕心理。儿童在学习过程中有自我修正的能力,在知识掌握到一定程度时,正确的语言运用已经存在于头脑中,很多错误会自然改正。

三、系统功能语言学

语言是人类社会活动的产物,它是人类相互交流的媒介,与人类的社会实践密不可分。功能语言学的研究主要包括两个部分:一个是语言所完成的交际任务,另一个是语言单位在语言结构中的功能。实际使用中语言的基本单位不是词或句这样的语法单位,而是表达。系统功能语言学由英国著名的语言学家韩礼德(Halliday)创立,他主要对语言的社会功能方面进行了研究,将语言功能分为微观功能、宏观功能和纯理功能三类。

(一) 微观功能

根据韩礼德的观点,微观功能是儿童在学习母语的初级阶段出现的,主要包括以下7种功能:① 个人功能,指儿童可以运用语言来表达自己的感情、身份或看法,如“I like spring”。② 规章功能,指儿童可以通过语言来控制别人的行为,如“Finish the task as I have told you”。③ 想象功能,指儿童可以运用语言来创造一个幻想的环境或世界，如“Suppose I am a lion and you are a mouse”。④ 启发功能，指儿童可以通过语言来认识和探索周围的世界，学习和发现问题，如“Please tell me why ... ”。⑤ 工具功能，指儿童可以通过语言来获取物质，满足其对物质的需求，如“I want ... ”。⑥ 相互关系功能，指儿童可以通过语言与他人进行交往，如“You and me”。⑦ 信息功能，指超过 18 个月大的儿童可以通过语言向别人传递信息。在儿童语言中，一句话只有一种功能，随着儿童语言逐渐向成人语言过渡，微观功能开始让位于宏观功能。

（二）宏观功能

宏观功能的含义较微观功能更为复杂、丰富和抽象，是儿童由原型语言向成人语言过渡阶段出现的语言功能。主要包括两种：

(1) 实用功能。源于儿童早期微观功能中的工具功能、相互关系功能和控制功能。它是指儿童将语言视为做事的工具或手段。

(2) 理性功能。由儿童早期微观功能中的个人功能、启发功能等演变而来，是儿童将语言视为学习知识和观察事物的途径和方法。

（三）纯理功能

纯理功能主要包括以下 3 种功能：

(1) 人际功能。指语言具有表明、建立和维持社会中人的关系的功能。通过此功能，讲话者能通过某一情景来表达自己的推断、态度，并对别人的态度、行为造成影响。

(2) 篇章功能。指语言具有创造连贯的话语或文章的功能，这些话语或文章对语境来说是切题和恰当的。

(3) 概念功能。指人们通过语言对自己内心世界和现实世界的经历进行表述的功能。韩礼德认为，几乎每个句子都能体现语言的人际功能、篇章功能和概念功能，且这三种功能经常同时存在。

第二节　学习理论基础

学习理论是研究人类如何进行学习、学习的过程如何、如何促进学习等的理论。对学习的有效认知可以促进人类的学习，提高学习的效果。本节论述对儿童外语学习有较大参考价值的三大学习理论：认知主义学习理论（cognitive-developmental theory）、社会建构主义学习理论（social constructivism theory）和人本主义学习理论（learning theory of humanistic psychology）。

一、认知主义学习理论

（一）皮亚杰认知学习理论的主要观点

认知发展理论是由瑞士著名教育心理学家皮亚杰(Piaget)提出的。他认为儿童的思维起源于主体的动作，发展的实质是个体与环境之间不断相互作用的过程，在这个过程中个体内部的心理结构也处在不断变化之中。皮亚杰认知发展理论中包含图式、同化、顺应、平衡四个重要概念。图式是指有组织地思考或行动的模式，是用来了解周围世界的认知结构。儿童的心理发展就是个体通过同化和顺应社会环境而达到平衡的过程，个体正是在平衡与不平衡的交替中不断丰富和完善自己的认知结构的。人的认识发展不仅表现在知识的增长上，更表现在认知结构的发展和完善上。皮亚杰认为，图式的发展水平是人的认识发展水平的重要标志，既是认识发展的产物，又是认识发展的基础和条件。

皮亚杰把儿童认知发展分为 4 个阶段：

(1) 感知运动阶段(sensorimotor stage)(0～2 岁)。在这一阶段儿童的主要认知结构是感知运动图式，儿童靠感觉与动作认识世界。这一阶段，儿童从一个仅具有反射行为的个体逐渐发展成为对其日常生活环境有初步了解的问题解决者。

(2) 前运算阶段(preoperational stage)(2～6/7 岁)。这一阶段儿童开始形成表象认知结构，开始运用简单的语言符号进行思考，思维有了质的飞跃，但其思维具有不可逆性，以自我为中心，不能理顺整体和部分的关系，也缺乏守恒的意识。

(3) 具体运算阶段(concrete operations stage)(6/7 岁～11/12 岁)。儿童的认知结构由表象图式发展为运算图式，思维具有可逆性、脱自我中心性和守恒性。儿童开始具备逻辑思维能力，但其思维活动需要具体内容的支持，只能对具体内容和形象进行运算。

(4) 形式运算阶段(formal operations stage)(11/12 岁～14/15 岁)。此阶段的儿童思维发展到抽象逻辑推理水平，思维形式摆脱思维内容，可以进行假设。

（二）皮亚杰认知学习理论对儿童英语教学的启示

(1) 皮亚杰认为学习过程是儿童发现与发明的过程，知识的获得是儿童主动探索和改变环境的结果。教育的真正目的是设置充满刺激激发智慧的环境，让儿童自行探索，主动学到知识。教师在教育中应激发学生的主体性，要设法向儿童呈现能够引起他们兴趣、具有挑战性的材料。

(2) 皮亚杰提出认知发展是呈阶段性的，处于不同认知发展阶段的儿童其认知事物的方式是不同的。教师要关注儿童的成长心理，了解并根据儿童的认知方式设计教学，让儿童感到学习是一件有趣的事，激发儿童学习的欲望与好奇心。

(3) 皮亚杰不按照年龄划分儿童认知发展阶段，而以个体认知方式为依据。

同等年龄的儿童其认知水平并不一定相同，因此在教学中要考虑儿童的个体差异，做到因材施教。

二、社会建构主义学习理论

社会建构主义是认知建构主义的进一步发展，是以维果茨基（Vygotsky）的思想为基础发展起来的，主要关注学习和知识建构的社会文化机制。社会建构主义认为世界是客观存在的，对每个认识世界的个体来说是共通的。社会建构主义反对客观主义，强调主客体间的互动，认为个人主体和社会是相互联系的。

（一）社会建构主义理论的主要观点

（1）知识是建构的，不是现实的“映像”“表征”或“表象”，建构不是个体的建构，是社会的建构，是个人与他人经由协商与和解的社会建构。认识的过程是积极主动的建构过程，而不是被动的反映过程。

（2）学习是一个文化参与的过程，学习者通过参与到某个学习共同体的实践活动中，来建构有关的知识。学习不仅是个体对学习内容的主动加工，而且需要学习共同体之间的合作互助。

（3）更关注学习和知识建构背后的社会文化机制，认为不同文化、不同环境下个体的学习和问题解决之间存在着很大的不同。学习共同体成员之间交流沟通，分享资源，共同完成学习任务，成员之间形成互相影响、互相促进的人际关系，形成一定的规范和文化。

（二）社会建构主义学习理论的教学模式

1. 探究学习

探究学习就是基于问题解决活动来建构知识的过程。在教学过程中通过有意义的问题情境，让学生通过不断地发现问题、解决问题来学习与所探究的问题有关的知识，形成解决问题的技能以及自主学习的能力。换言之，探索学习是指学生积极主动地参与、主动地体验，通过这些活动形成自己的知识与理解的学习方式。

2. 情境教学

情境教学是指建立在有感染力的真实事件或真实问题基础上的教学。学习知识是与情境化的活动联系在一起的。学生应该在真实任务情境中去尝试发现问题、分析问题、解决问题。

3. 合作学习模式

合作学习（cooperative learning）是指通过讨论、交流、观点争论，相互补充和修改，共享集体思维成果，完成对所学知识的意义建构过程。合作学习模式主要以互动合作（师生之间和学生之间）为教学活动取向，以学习小组为基本组织形式，共同达成教学目标。为达到合作学习的良好效果，在合作过程中应注意两点：一是学习任务的性质。合作学习的任务最好是团体任务，任务所要求的资源(信息、知识、技能、材料等)最好是单个学习者不可能全部具有的。二是学习者之间相互合作的频度和形式。学习者之间的合作要适度且要有充分参与社会文化实践和教学活动的机会，通过有指导的合作和参与，使学习者内化他们的感情、社会和智力的价值。

4. 抛锚式教学模式

抛锚式教学(anchored instrution)模式是在约翰·布朗斯福(John Bransford)的领导下由温特比尔认知技术小组开发的。抛锚式教学的目的是让学生在一个真实、完整的问题背景中，产生学习的需求，通过学习共同体中成员间的交流、互动，实现主动学习、生成学习。

抛锚式教学利用以逼真情节为内容的影像作为“锚”，为教与学提供一个可以依靠的宏观情景。抛锚式教学遵循两条重要的设计原则：一是“锚”应该是某种类型的个案研究或问题情境；二是课程的设计应允许学习者对教学内容进行探索。抛锚式教学的方法主要有搭建脚手架、镶嵌式教学、主动学习、开发学生指导者等。

(三)社会建构主义学习理论对儿童英语教学的启示

1. 学习者学习的是具有个人意义的东西

由于意义具有主观性的一面，真正能够同化进学习者认知结构的是那些在学习者看来有意义的东西。教与学是不能画等号的。如果教师忽视幼儿的背景知识、兴趣情感、现实处境等主观因素，而一味地将“知识”“客观真理”强加给学习主体，那么这种知识教学是无效的。对外语教学而言，学习者已经从母语习得的经验中获得了许多关于语言的性质、语言的形式功能意义，甚至如何学习语言的认识。如果教师忽视学习者的认知水平、学习需求、动机兴趣等具体情况，往往不能很好地达到教学目的。

2. 提供对学习者真正有意义的任务，才能促进有意义学习的产生

社会互动在儿童认知发展中起着重要的作用，学习参与者之间通过信息交换、意义协商等促进各自的学习和发展。儿童英语教师提供对学习者真正有意义的任务：一是任务本身要有意义，二是对学习者要有意义。这样才能保证学习活动不会停留于为形式而形式的练习，而是以有意义的交际为目的。

3. 借助任务发挥中介作用

依据建构主义理论，学习者会对自己所面临的任务的意义进行建构，因而对任务的理解和情感反应会因人而异，这将是教师识别学习者需求和调整学习活动的依据。任务的选择和提出总是体现着教师的教育理念。另外，教师的中介作用还在于要通过他们本身的语言为学习者创造良好的学习氛围，增强他们的自信心。

三、人本主义学习理论

人本主义学习理论兴起于20世纪五六十年代，以美国心理学家马斯洛

(Maslaw)和罗杰斯(Rogers)为主要代表。人本主义并非集中研究人的问题行为,而是强调人的正面本质和价值,并强调人的成长、发展和自我实现过程。

(一) 人本主义学习理论的主要观点

1. 人本主义的学习观

人本主义心理学者认为,学习是在一定条件下自觉挖掘潜能,自我成长、自我实现的过程,学习的本质是个人自主发起、个人整体投入其中并产生全面变化的活动。学习的目的和结果就是培养具有高度适应性和内在自由性的完整的人,促进学生自我实现和整体人格的发展,使学生成为完善、有用的人。

罗杰斯认为学习可分为无意义学习和有意义学习。无意义学习指不涉及感情或个人意义的学习,是一种"颈部以上发生的学习",与完整的人的成长无关。有意义学习是一种与个人各部分都融合在一起的学习,是一种使个体的行为、态度、个性及人生观价值观产生变化的学习。有意义学习的特征是:① 全身心投入;② 自我发起;③ 渗透性;④ 自我评价。

2. 人本主义的学生观

罗杰斯强调要把学生当人来看待,要相信学生自己的潜能。为此他建立了"非指导性教学"的学习理论,提出教师要尊重学生、珍视学生,在感情上和思想上与学生产生共鸣;信任学生,并同时感受到被学生信任。

3. 人本主义的教师观

人本主义教育中师生关系是平等的、朋友式的。罗杰斯提出用"学习的促进者"代替"教师"这个称呼,他认为"在传统教育中,教师是知识和权力的拥有者,而学生只是被动的接受者和服从者;教师可以通过演讲、考试等方式支配学生的学习,而学生无所适从"。因此,教师的任务是为学生创设良好的学习环境,让学生自由选择。教师应做到真诚、认可、移情,营造良好的课堂气氛。

(二) 人本主义学习理论对儿童英语教学的启示

人本主义学习理论肯定人的本性,重视人的内在需要,不仅是一种崭新的教育心理学思想,也是对传统教育的一种变革。它不仅丰富了人类学习理论的内涵,而且促进了当代教育改革的过程。

(1) 人本主义学习理论强调学生在教育中的主体地位,提出"以人为中心""以学生为本"。因此,教师和学生之间是民主、平等的师生关系,教师应重视尊重学生的独立人格,保护其自尊心,帮助其挖掘自身潜能、发展个性和实现自我价值。

(2) 人本主义学习理论强调认知与情感相结合的教学。因此,在儿童英语教学中不应只看重学生的学习成绩,而应进行多项职能的培养与多元评价,积极促进儿童形成乐于学习的健康情感。

(3) 人本主义学习理论强调个性化的自我评价。教师不应看重儿童之间的横向比较,应关注儿童自身的纵向对比,关注儿童自身是否有所进步。同时用合理的评价方式对儿童做出客观公正的评价,使儿童正确认识自己的学习情况,掌握自我评价的方法,提高英语学习的自主性。

(4) 人本主义学习理论强调情感化的师生关系。教师应关注儿童的情感,欣赏赞美儿童的优点,帮助儿童从教师、同学身上获得关爱、尊重、认可等,形成融洽和谐的师生关系、生生关系。

第三节　外语教学理论基础

纵观外语教学的发展史,外语教学的发展主要分为5个阶段:① 古典语言教学阶段(19世纪之前),以翻译教学法为代表。② 现代语言教学萌芽阶段(19世纪末至第一次世界大战),以直接教学法为代表。③ 现代语言教学阶段(第一次世界大战至20世纪70年代),以听说教学法为代表。④ 现代语言教学深入阶段(20世纪70年代以后),以交际教学法和在其基础上发展而来的任务教学法为代表。⑤ 后方法时代(20世纪末)。后方法时代不是指某种具体的教学法,而是提倡各种教学法的融合,教学方法和要求更加复杂多样,本节不再对其进行详细论述。

一、翻译法

翻译法(translation method)也叫语法翻译法(grammar-translation method)、阅读法(reading method)、古典法(classical method)。翻译法最早是在欧洲用来教授古典语言希腊语和拉丁语的外语教学方法,到18世纪末和19世纪中期开始被用来教授现代语言。

(一) 主要特点

教师用母语授课,重点讲解分析句子成分,语音、词汇变化规律,及语法规则。教学模式是:教师先带领学生读生词,讲解课文,再逐句分析句法功能,翻译成本族语,然后进行语法项目练习、翻译练习,最后达到学生背诵并仿写课文的目的。

(二) 主要优点

(1) 注重语法,学生语法概念清晰。

(2) 注重学习外语原文和原文文学名著,学生阅读能力较强,尤其是遇到长难句时通过分析句子结构便能理解意思。

(3) 有助于培养翻译能力和写作能力。

(4) 重视磨练学生意志,培养学生的理性思维。

（三）主要缺点

（1）忽视语音、语调和口语教学，学生表达能力差，不利于培养学生用外语进行交际的能力。

（2）夸大翻译和母语的作用，忽视技能的培养。

（3）过分强调语法的作用，语法讲解枯燥，脱离学生的语言水平、个人兴趣和现实需要。

（4）教学方式单一，强调死记硬背，学生容易失去兴趣。

二、直接法

直接法（direct method）又叫自然法或口语法，产生于19世纪90年代，是通过运用外语本身进行教学的方法。代表人物是德国的贝立兹（Berlitz）和英国语言学家帕默（Palmer）。贝立兹主张在外语教学中创造与儿童习得母语的自然环境相似的环境，采用与习得母语的自然方法类似的方法。帕默认为语言学习的过程就是新习惯养成的过程，是反复应用的过程。自然法主张把外语与所表达的事物建立直接的联系，采用各种直观手段直接学习、直接理解、直接应用，儿童学习外语的过程就是对学习母语过程的自然模仿。

20世纪70年代末，美国的特雷尔（Terrel）和克拉申（Krashen）共同提出新的自然法。他们认为语言习得是在自然交际情景中培养语言运用的能力，并在无意识中习得语法的一般规则。课堂教学环境应该尽量接近学生的实际生活。教师应利用学生已学知识，设计与第二语言国家文化相同、便于学生理解的教学活动。他们提出语言发展是有阶段性的，应该由简入难、逐步提高。

（一）主要特点

（1）完全用外语教学，通过图画、实物、动作、表情等直接手段解释外语，外语和思想建立直接联系。

（2）听说领先。从学生口语出发，通过利用目标语本身进行会话、交谈和阅读来教外语，而不是用母语来教学。

（3）以当代通用的语言而非经典文学作品为基本语言学习材料。

（4）重视学生的语言输入，语言输入是自然的、可理解的。

（二）主要优点

（1）弥补了翻译法过分依赖母语和翻译、过分依赖语法、重视语言知识教学忽视言语交际技能培养的缺点。

（2）利用直观手段进行教学，建立外语与事物之间形象生动的直接联系，从而有利于调动学生积极性，培养学生直接使用外语思考、记忆、表达的习惯。

(3) 注重语音、语调和口语教学，有利于培养学生的言语交际能力。

(三) 主要缺点

(1) 过分强调遵循幼儿习得语言的自然法则和自然规律，忽视母语习得与二语学习之间的差异，忽视成人学习语言的归纳、推理、演绎等认知能力。

(2) 过分排斥母语和翻译，坚持用目标语进行讲解从而影响到学生的言语理解，学生难以理解一些抽象和复杂的概念。

(3) 没有清晰的语法解释，学生对语言背后的理论不清晰，导致学生的表达语法错误较多。

(4) 对课堂教学的现实考虑不够，对教师的言语技能要求太高，教师水平难以达到要求。

三、听说法

听说法(audio-lingual method)又叫"句型教学法"，于20世纪40至60年代盛行于美国，是以句型为纲、以句型操练为中心，着重培养听说能力的外语教学法。代表人物是弗里斯(Fries)和拉多(Lado)。

(一) 主要特点

听说法认为外语学习是习惯的形成，采取模仿、反复练习等手段强化学生的反应；课堂上学生做大量的句型操练。重视听说，兼顾读写；以句型为中心，对比语言结构，确定教学难点；教学中尽量减少或限制母语的干扰作用，同时广泛利用电化教学手段。

其教学模式是：教师讲述教学内容，学生聆听——教师示范，学生模仿——学生复述——进行句型替换、转换和扩展练习——进行口语交流活动。

(二) 主要优点

(1) 培养学生敢于大胆、主动地使用所学语言进行交谈，口语能力较强。

(2) 利用句型进行操练，帮助学生形成自动化语言习惯和外语语感。既避免了语法翻译中繁琐的语法分析、抽象推理，又不像直接法对教师的外语水平和组织能力有很高要求。

(三) 主要缺点

(1) 把语言看作是一系列"刺激—反应"的过程，大量的模仿和机械操练不利于发展学生的创造性思维。

(2) 脱离语言内容和语境的句型操练，不利于培养学生形式恰当地运用语言进行交际的能力。

(3) 忽视读写,不利于学生语言能力的全面发展。

四、情景教学法

情景教学法(situational method) 是在直接法和听说法的基础上,利用视听手段形成的教学法。情景教学法以情景为中心,充分利用录音机、幻灯机、投影机、电视电影等视听教具,让学生边看边听边说,身临其境地学习外语。情景教学法 20 世纪 50 年代产生于法国,代表人物有古根汉(Gouhrnhein)和古布里纳(Guberina)。

(一) 主要特点

(1) 强调语言与情景相结合,以真实情景或设计的情景为中心,充分利用现代化多媒体视听手段,让学生通过模仿练习形成自动化习惯,重点在于培养学生的听说能力。

(2) 采用整体教学,强调语言内容的连贯性。外语教学顺序分为"对话—句子—单词—单音"4 个阶段。教学过程分为感知、理解、练习和活用 4 个步骤。

(3) 教学的中心是日常生活情景对话。语音、图像俱现,让学生置身于现实、自然的情景中进行交际。强调听说领先、读写跟上的原则。

(4) 视听并用,语言和情景紧密配合,以情景联系话语。

(二) 主要优点

(1) 情境的创设有助于理解所学语言。

(2) 视听结合,使学生见其形、听其声,调动左右脑的神经细胞,加快外语学习过程;帮助学生建立外语与实物的直接联系,培养用外语思维的能力。

(3) 课堂生动活泼,学生学习兴趣高,语言表达自然、准确。

(三) 主要缺点

(1) 过于强调视觉直观的作用,完全排除母语,忽略母语的中介作用,不利于对语言材料的彻底理解。

(2) 过于强调整体结构感知和综合训练,忽视语言知识的分析和讲解,不利于学生理解和运用外语。

五、认知法

20 世纪 60 年代,随着科技的飞速发展,国际间的交往和竞争越来越需要高级外语人才,认知法(cognitive approach) 随之在美国诞生。认知法强调在教学中发挥智力的作用,让学生理解所学的材料,掌握语言的运用规律,强调有意义的操练活动。

（一）主要特点

(1) 以学生为中心。教师的作用是激发学生的学习兴趣，指导学生发现语言规则，为学生提供应用规则的机会和情景，帮助学生掌握规则。

(2) 注重发展学生的创造能力，运用有限的语言规则理解和生成无限的句子。

(3) 提倡在理解的基础上进行语言知识和规则的操练，反对机械性的死记硬背。

(4) 主张听说读写齐头并进，全面发展。

(5) 允许适当利用母语进行讲解和翻译。

(6) 适当纠错，容忍学生的语言错误。

(7) 广泛使用试听教具，有助于创造语言环境，使外语学习情景化、交际化。

（二）主要优点

(1) 在理解语言知识的基础上进行操练，有利于激发学生的学习兴趣，提高语言使用的准确性和得体性。

(2) 培养的学生在听说读写方面的能力较强。

（三）主要缺点

(1) 对语音语调要求不严格。

(2) 没有强调培养学生的交际能力，对交际过程中学生的心理活动的认识有待于进一步研究。

六、交际法

交际法（communicative approach）也叫功能法（functional approach）或意念法（notional approach），是20世纪70年代在语言学家海姆斯（Hymes）和韩礼德（Halliday）的理论基础上形成的。交际法重视培养学生的语言能力，采用真实、地道的语言材料，主张以句型加情景来学习语言，鼓励学生多多接触和使用外语。

（一）主要特点

教学过程交际化；功能和意念相结合；教学活动以内容为中心，大量使用模拟情景、扮演角色、信息传递、语言游戏等活动形式来培养学生运用语言交际的能力；对待学生的语言错误采取宽容的态度；对话是教学的基本单位。

其教学模式是PPC模式：呈现（presentation）——操练（practice）——交际活动（communicative activities）。

（二）主要优点

(1) 强调教学过程交际化，注重培养学生的外语交际能力，有利于学生在社会环境中恰当地使用外语进行交际。

(2) 以对话为基本教学单位。交际法反对以句子作为基本教学单位，提倡句子应该放在具体的语言情景或话语的上下文中，为交际功能和意义表达服务。

(3) 不苛求纠正学生的语言错误。

（三）主要缺点

(1) 以功能意念为线索组织教学大纲，很难保证语法项目编排的体系性。

(2) 对学生的语言错误采取放任自流的态度。如何正确对待语言错误，避免有错必纠和放任自流这两种极端的教学态度，还需进一步斟酌。

七、任务型教学法

任务型教学(task-based language teaching)是指教师通过引导语言学习者在课堂上完成任务来进行的教学。这是 20 世纪 80 年代兴起的一种强调“在做中学”(learning by doing)的语言教学方法，是交际教学法的发展。

（一）主要特点

认为掌握语言大多是在活动中使用语言的结果，而不是单纯训练语言技能和学习语言知识的结果。在教学活动中，教师应当围绕特定的交际和语言项目，设计出具体的、可操作的任务，学生通过表达、沟通、交涉、解释、询问等各种语言活动形式来完成任务，达到学习和掌握语言的目的。

（二）主要优点

(1) 教学过程中设计各种各样的任务，引导学生去完成，有助于激发学生的学习兴趣。

(2) 学生在完成任务过程中需要进行语言交流和解决问题，因此将语言知识和语言技能很好地结合在一起，有助于促进学生积极参与语言交流活动，培养学生的语言综合运用能力。

(3) 教学过程中有较多的双人或小组活动，每个学生都有独立思考、参与任务的机会，学生的参与度更高，可以更好地面向全体学生进行教学。

(4) 活动内容广泛、信息量大，学生在活动中拓展了知识面，既学到了知识，又提高了人际交往的能力，有助于学生的全面发展。

（三）主要缺点

(1) 注重任务的解决过程，花费时间较多，对教师精力要求高；教学效率较低，难以保证教学任务的完成。

(2) 教师的教学能力和教学水平决定着课堂任务的设计质量和实施效果，对教师要求高，实施难度较大，难以保证学校教学质量大面积的提升。

(3) 任务实施过程中，对学生的个体活动难以进行有效的监督和控制，反馈效率低。

各种外语教学法流派对儿童英语教学的启示：

各种教学法都有其合理性，同时也存在着一定的弊端，对于某一种教学法，既不能全盘肯定也不能全盘否定，应该扬长避短、优势互补，全面审视各种教学法的优点和缺点，根据不同情况选择合适的教学法。对于国内外流行的教学方法，应进行考察学习、实践体验后再下结论，不要盲目崇拜、生搬硬套，也不要盲目排斥。

儿童处于形象具体思维阶段，喜欢形式多样、具有趣味性的教学方法。儿童英语教学应该听说为主、读写为辅，注重培养儿童的英语语言交际能力，提高儿童运用英语的能力。但在运用的同时不能偏废、忽略基础训练，欲速则不达。

作为儿童英语教学者，应该坚持古为今用、洋为中用和实事求是的科学态度，根据儿童认知特点和心理发展特点，灵活选用和优化各种教学方法，做到因事制宜、因人制宜，设计最佳教学方案。

第二章　当前儿童英语教学的概况

21世纪是一个机遇与挑战并存的时代，振兴教育、提高全民素质是关键。振兴教育的关键在教师，只有造就一支高素质的教师队伍，才能满足21世纪教育发展的要求。而世界形势的发展对教育改革提出了新的要求，开展儿童英语教学日益成为家长及教师的迫切愿望和全社会关注的热点。6～12岁的孩子本身求知欲强烈，对新鲜事物的接受速度快，学习能力也发展到了一个快速的阶段。基于儿童英语学习的外在要求和内在需要，结合这个年龄段的实际教学情况，本章借鉴小学英语教学的相关要求对儿童英语教学的目标、价值及教师的基本素质和师资现状做了详细介绍。

第一节　儿童英语教学的目标

一、儿童英语教学的价值和性质

随着全球经济一体化和社会生活信息化的日益发展，学习英语已成为各国人民了解世界、融入世界的必然要求，越来越受到人们的重视。作为基础教育阶段的必修课程，英语学习已经成为广大少年儿童成长中不可或缺的一个部分。

（一）儿童英语教学的价值

儿童英语教学对儿童个体的发展和国家的发展都意义重大。

(1) 对儿童个体发展的价值：帮助儿童逐步掌握英语语言知识和听说读写的技能，提高语言实际运用能力；同时锻炼儿童坚持不懈的积极意志，拓展儿童国际化视野，丰富多样的生活经历，开发创新思维能力，陶冶儿童美学情操和人文素养，实现自我个性化的全面发展。

(2) 对国家发展的价值：儿童英语教学的开展是国家战略发展的需要，是国家社会经济发展、提高国民素质的需要，是国家培养具有创新能力和跨文化交际能力的人才，提升国民交流能力和国家国际竞争力的必要组成部分之一。

（二）儿童英语教学的任务

激发和培养儿童学习英语的兴趣，使儿童树立自信心，养成良好的学习习惯和形成有效的学习策略，发展自主学习的能力和合作精神；使儿童掌握一定的英语基础知识和听说读写技能，形成一定的综合语言运用能力；培养儿童的观察、记忆、思维、想象能力和创新精神；帮助儿童了解世界和中西方文化的差异，拓展视野，培养爱国主义精神，形成健康的人生观，为他们的终身学习和发展打下良好的基础。

（三）儿童英语教学的性质

儿童英语教育课程的性质随时代的发展不断地得到完善。2011 年国家教育部颁布了最新的《义务教育英语课程标准》(2011 版)，首次明确提出了英语课程具有工具性和人文性双重性质的理念。据此理念，儿童英语教学的性质也是工具性和人文性并重，在注重儿童语言基础知识积累和基本技能提高的同时，还担负着提高儿童综合人文素养的任务，即通过儿童英语教学开阔儿童视野，丰富儿童生活经历，培养儿童的跨文化意识，弘扬爱国主义精神，提高儿童的创新能力，形成良好的品格和正确的人生观、价值观。这就要求儿童英语教师在教学过程中要努力通过教学活动提高儿童的语言能力、思维能力，发展儿童的学习兴趣，丰富儿童的生活体验，培养儿童积极健康的情感态度、良好的个性品格和端正开放的心态。

二、儿童英语教学基本理念

儿童英语教学中，教师作为教学的主导，只有了解掌握儿童阶段英语教学的基本理念，才能在教学实践中指导自己的教学，保证自己的教学不偏离教学目标。笔者在国家教育部颁发的《义务教育英语课程标准》(2011 版)的基础上对儿童英语教学的基本教学理念进行了梳理和细化，认为儿童英语的教学应强调从儿童学习兴趣、生活经验和认知水平出发，倡导通过任务型的教学途径让儿童在学习过程中养成并掌握体验、实践、参与以及合作交流的学习方式，从而提高儿童的英语语言综合运用能力，并且使得英语学习的过程成为儿童积极情感态度养成的过程，成为培养和提高儿童主动思维和大胆实践、提高跨文化意识和自主学习能力的过程。具体如下：

（一）激发兴趣，培养自信

作为儿童英语学习启蒙阶段的儿童英语教学应始终遵循“兴趣第一”的教学理念，以激发儿童学习英语的兴趣为最终教学目的，满足儿童英语学习过程中的成就感，培养其学习英语的自信心，帮助儿童在学习过程中发展提高英语语言综合运用能力、人文素养、实践能力以及创新精神。

（二）渗透人文精神，实现人文性和工具性的双赢

英语来源于人类劳动创造过程之中，是用于实现人际交流和沟通的媒介和工具，同时是对语言使用者喜怒哀乐的自身情感、心理需求等的反映和体现。英语课程的“人文性”是指其对于学生思想感情熏陶感染的文化功能和课程所具有的人文学科的特点。儿童英语学习的过程既是儿童逐步实现自我成长的过程，也是激发儿童创造力和生命力的过程。具体到英语课程方面，人文性就意味着：

(1) 课程目标的价值取向中应包含对儿童人文精神的培养，并作为儿童英语课程目标制定和英语课程资源整合利用的参考依据。

(2) 在英语教学中教师应注重对儿童表现出应有的人文关怀，让儿童感受到英语语言的人性化和生活化，在接受真善美熏陶的同时获取自身的独特英语体验，感受到来自学习过程中的尊重和关爱。

(3) 教师在教学过程中要始终坚持“两手抓，同时硬”。强调英语知识和能力发展的同时不忘关心儿童情感态度价值观的发展，充分体现人文关怀和英语教育的感染熏陶作用，实现英语人文性和工具性的统一原则。

（三）尊重儿童的个体差异，突出儿童的学习主体地位

儿童是学习的主体，儿童英语教学的出发点和归宿都是为了最终实现儿童个体的全面发展。因而在课程目标的设定、教学环节和教学活动的开展、课程评价机制的建立和实施过程中，以及课内外教学资源的开发与利用等所有方面都应该体现儿童的主体地位。儿童英语的教学过程应是一个教师指导儿童构建英语知识结构、提高语言技能、磨砺意志、活跃思维、展现个性、发展心智和拓展视野的过程。

（四）采用活动途径，倡导体验式、参与式教学

儿童英语教学倡导任务型教学模式，儿童在教师指导下，通过自身感知、体验、实践、参与和合作等学习方式，实现任务的目标，感受成功。在学习过程中不断进行情感体验和学习策略的调整，最终形成积极的学习态度，促进语言实际运用能力

的提高。

（五）注重过程评价，促进学生发展

评价是对学习者学习成果的鉴定，是学习者继续学习的方向指引和动力。儿童英语教学过程中应建立起能激励儿童英语学习兴趣和自主学习能力发展的评价体系。该评价体系由形成性评价和终结性评价构成。其中形成性评价占主体，因为形成性评价是对儿童学习过程中参与度、学习态度等的鉴定，有助于培养和激发学生学习的积极性和自信心。终结性评价着重对儿童综合语言技能和语言应用能力的检测。有效的评价机制有利于促进儿童综合语言运用能力和健康人格的发展，同时对教师教育教学水平的提高和儿童英语课程的不断发展与完善也起到积极的促进作用。

（六）不断开发、更新课程资源，拓展学用渠道

英语学习不仅仅局限于课堂和英语课本。在网络高度发达的今天，教师应积极利用多媒体技术和便携的移动通信设备给儿童提供更多贴近儿童生活、富有时代特征、内容健康丰富多彩的课程资源；拓展儿童学习和使用英语的机会和渠道；同时也鼓励和支持儿童积极参与到课程资源的开发和利用中来。

三、儿童英语的教学目标

因儿童的年龄跨度与义务教育小学阶段的学生年龄段重合，所以本书引用了我国《小学英语新课程标准》中的目标设定。

（一）儿童英语教学的总目标

儿童英语课程的总目标：“培养儿童的综合语言运用能力。综合语言运用能力的形成建立在学生语言技能、语言知识、情感态度、学习策略和文化意识等素养整体发展的基础上。语言知识和语言技能是综合语言运用能力的基础，文化意识是运用语言的保证，情感态度是影响学生学习和发展的重要因素，学习策略是提高学习效率、发展自主学习能力的保证。这五个方面共同促进综合语言运用能力的形成。”儿童英语综合语言运用能力具体如下：

情感态度：具体要求包括培养儿童对英语学习的兴趣和动机，提升学习英语的自信心，磨练坚持不懈的坚强意志，培养与他人合作的精神，增强热爱祖国的意识，拓展国际视野。

学习策略：具体要求包括儿童对自己的英语学习能制定可行性计划，并采取有效的方法和步骤完成学习任务（认知策略），且完成后能够进行自我反思、评价和整改（调控策略）；能够在与他人的交际中积极主动地用行动和措施来为自己创造或增加表达机会，维系交际关系及提高交际效果（交际策略）；能够合理有效地利用各

种学习途径和方式完成英语学习和语言运用(资源策略)。

语言技能:能够听懂别人的英语表达,顺利完成自我意愿的口语表达,读懂英语书面材料,用书面形式进行有效的自我表达。

语言知识:语音标准,词汇丰富,语法正确,学习动能得到充分激发,话题开展顺利不卡壳。

文化意识:了解具体的文化知识,理解文化现象,具备跨文化交际的意识和能力。

(二) 儿童英语教学的分级目标

《义务教育英语课程标准》(2011 版)对基础教育阶段的英语课程按照能力水平划分为 9 个级别,力求体现不同年龄段学生的学习需求和认知特点。其中在义务教育三年级起点的英语课程要求学生在四年级结束时(即 9~10 岁儿童)达到一级标准,六年级结束时(即 12 岁儿童)达到二级标准。本书在此基础上结合各地区经济和儿童英语教育发展的差异,提出儿童英语教学达到三级综合语言运用能力的目标如下,其中第三级目标的达成视儿童接受英语教育的时间长短和个体差异而灵活安排。

一级:对英语有好奇心,喜欢听他人说英语。能根据教师的简单指令做游戏、做动作、做事情(如涂颜色、连线)。能做简单的角色扮演。能唱简单的英文歌曲,说简单的英语歌谣。能在图片的帮助下听懂和读懂简单的小故事。能交流简单的个人信息,表达简单的情感和感觉。能书写字母和单词。对英语学习中接触的外国文化习俗感兴趣。

二级:对英语学习有持续的兴趣和爱好。能用简单的英语互致问候,交换有关个人、家庭和朋友的简单信息。能根据所学内容表演小对话或歌谣,可以用简单的英语做游戏,在老师的帮助下表演小故事或短剧,认识 600~700 个单词等。能在图片的帮助下听懂、读懂并讲述简单的故事。能根据图片或提示写简单的句子。在学习中乐于参与、积极合作、主动请教。乐于了解异国文化、习俗。

三级:对英语学习表现出积极性和初步的自信心。能听懂有关熟悉话题的语段和简短的故事。能与教师或同学就熟悉的话题(如学校、家庭生活)交换信息。能读懂小故事及其他文体的简单书面材料。能参照范例或借助图片写出简单的句子。能参与简单的角色扮演等活动。能尝试使用适当的学习方法,克服学习中的困难。能意识到语言交际中存在文化差异。

目标是行动达成的导航和检验标准。儿童英语教学总目标和分级目标的制定为儿童英语教学提供了教学依据和执行路线。所有教学活动的设计和开展都必须以此目标为纲,在目标指引下努力优化自己的教学活动,提升教师自己的专业素养,为儿童英语素养的提升奉献自己的绵薄之力。

第二节　儿童英语教师的基本素质

随着义务教育阶段英语学科的普及，儿童英语教学受到了越来越多的重视，儿童英语教师的素质也引起了人们的关注。根据儿童的年龄、生理及心理特点，儿童英语教师应具备多方面的综合素质、专业素质和职业技能。

一、综合素质

（一）情感素质

1. 关爱儿童、热爱儿童英语教育事业的爱心

爱是一切教育活动的前提和基础。教师只有真正热爱儿童、热爱儿童英语教育事业，才能坚持用自己的爱心真正关心和爱护儿童，长期坚守在儿童教育的阵地，甘愿为此做出所有的努力与奉献。

2. 保持一颗童心，建立良好师生关系

儿童和教师间的代沟会造成课堂上儿童无法无天或胆小紧张的两极现象。儿童英语教师只有用一颗童心去跟孩子相处，真正融入儿童的生活，走进孩子的内心，才能拉近师生距离，建立起融洽的师生关系。

3. 保持教育事业的上进心，努力提升自我

上进心是每个人保持努力提升自我的内在动力。每个教师只有保持一颗不甘平庸的心，才能在教育教学中不断地敢于创新乐于尝试，达到自我提升的持续发展；同时教师保持积极上进的心态，才能将乐观奋进的精神传达给儿童，起到为人师表的榜样作用。

4. 健康的体魄和坚定乐观的性格是儿童英语教学的前提

儿童生理和心理上的特性决定了儿童英语教学中突发状况不断，教师需要从生活、学习各方面事无巨细地去关心帮助遇到问题的孩子。同时在儿童教育的过程中教师还需要跟家长及教育管理者进行频繁的沟通和交流，各种不愉快的经历也在所难免。因此健康的体魄和坚定乐观的性格就成为儿童英语教育的前提和必需。

（二）职业文化素质

1. 教育学和儿童心理学知识

儿童英语教学的根本目标是激发儿童的学习兴趣，养成正确的学习方法和学习习惯，为以后的英语学习打下较好的基础。这就要求儿童英语教师必须掌握儿童心理学知识和教育学基本原理。在了解尊重儿童的个性差异、心理认知特点，熟知教学规律和教学原则的基础上，才能设计出符合儿童实际情况的教学活动，做到因材施教，通过恰当的教学组织形式、积极正确的评价和反馈，充分发挥儿童的学习主动性和主体性从而提高教学效果。

2. 综合文化知识

英语教学是语言和文化的结合，同时英语学科的人文性特点也决定了教师必须有全面的综合文化知识。而且教育教学是一个动态的变化的过程，教师必须面对和处理课堂上的各种突发状况，因此基本的自然科学知识和社会科学知识也是儿童英语教师应该具备的文化知识之一。另外，教师具备综合文化知识也有利于儿童“向师性”的培养，从而提升儿童对应用学科的学习兴趣。

（三）职业能力素质

(1) 课前挖掘教材的能力。充分挖掘教材的目的是备好课，而备课是教师上好一节课的必要基础。教师应在课前认真钻研教材，结合学生实际情况来设计教法、学法、各个教学环节，以求达到最佳教学效果。钻研教材涵盖了对教材“弄懂—吃透—内化”的三个阶段，即弄清儿童英语教材知识编排方面的层次设计和逻辑关系，以便更好地设计自己的教学；认真领会教材，对教材的内容融会贯通，能够跳出教材的框架体系，使之变成自己的知识体系；教师将自己对教材内容的理解、思想感情和教材的思想性、科学性融为一体，达到“人书合一”的内化与升华的程度。

(2) 课堂教学能力。上课是教师备课内容的具体体现，是教与学相互作用的直接表现，是整个教学活动的中心环节。课堂教学能力指教师应具备良好的组织教学能力、评价能力、调控能力和教学机智应变能力等。教师良好课堂教学能力的体现是课堂教学能够做到：目标明确，内容正确，方法得当，表达清晰，气氛热烈。

(3) 课外辅导能力。课外辅导是教师教学工作在课堂外延续的活动形式，是教师因材施教原则的重要体现。儿童英语教师的课外辅导能力具体体现为合理科学地布置作业、积极进行反馈、评价与指导的能力。

(4) 熟练使用现代教育技术的能力。现代教育技术辅助教学能使课堂声、色、像并茂，更好地激发儿童的学习兴趣。网络时代的到来对教师熟练使用现代教育技术的能力提出了更高的要求：操作多媒体、制作课件成为教学常态，微课、慕课技术、微格课堂也成为教师应该熟练掌握的职业能力的一部分。

(5) 创新能力。创新能力是合格教师必备的素质。教师的创新能力是保证教学水平不断进步的源泉，是儿童英语教学性质的体现，更是培养儿童创新意识和创新能力的基础。

二、专业素质

（一）英语教学理论

熟知英语教学的各种流派、教学模式和教学方法，了解英语教学研究的最新动向有助于儿童英语教师比较和借鉴各种教学模式和教学方式，用最新的教学理论来指导提高自己的教学。

（二）英语专业基础知识

教师具备扎实的英语专业基础知识是提高儿童听、说、读、写等语言技能的首要保证。这就要求儿童英语教师首先要有过硬的英语语音、词汇、语法、语义等专业知识，较高的听、说、读、写、译的水平和跨文化交际的素养，能自如地运用英语进行日常交际，能看懂英语学习方面的专业报刊，知道一些常用的英语谚语，并能够恰当地运用，能阅读与欣赏一些耳熟能详的文学作品，有一定的英语方面的文学修养。

（三）跨文化交际的意识

(1) 较高的国学文化修养和强烈的文化自信心。随着我国综合国力的发展，大国地位逐渐得到世界认可，国学文化的影响力越来越大。儿童英语教学中教师国学文化修养的水平直接影响到儿童对母语文化的热爱和文化自信心的建立。所以提高儿童英语教师的国学文化修养刻不容缓。

(2) 中西方文化、语言对比意识。儿童英语教师自身具备较强的文化对比意识和跨文化交际的能力才能在教学中理性地指导儿童关注语言对比，实现跨文化交际的顺利开展。

三、教师职业技能

（一）较高的口语表达技能

口语表达能力是指说话者能够准确、无误、流利地用口语表达自己的意思，保证说话者和听话者双方顺畅交流的能力。扎实过硬的英语口语表达技能是儿童英语教师的最低入职要求。这不仅有利于提升教学效果，也可以增加教师的个人魅力，激发儿童对英语的兴趣。

（二）扎实的“三字一画”技能

(1) 漂亮的书写技能，包括粉笔字、钢笔字和毛笔字的书写。儿童英语教学中漂亮的书写可以给儿童树立英语书写的学习榜样，也是吸引孩子兴趣，培养孩子审美的重要方式。

(2) 流畅的简笔画技能。简笔画作为儿童英语教师教学基本功之一，可以使枯燥的教学形象化、生动化，吸引儿童英语学习兴趣，启发儿童英语学习动机。掌握流畅的简笔画技能需要教师不断地勤奋练习，掌握基本的点、线、圆的画法，才能逐步达到生动、直观、传神的水平，提高教学效果。

（三）全面的寓教于乐技能

儿童的年龄特点决定了儿童英语教学必须充满趣味性和乐趣，实现“寓教于乐”，让儿童在“玩中学，学中玩”，这就要求儿童英语教师必须具备全面的“寓教于乐”的教学技能。

(1) 英语游戏设计技能。游戏教学是儿童英语教学中不可或缺的一个环节。教师设计、组织和开展有效的游戏有利于提高课堂教学效果。所以丰富有趣、不断创新的成功的游戏设计技能是合格的儿童英语教师的必备素质。

(2) 英文歌曲创编、教唱技能。听唱英文歌曲是儿童英语教学的重要手段之一。儿童英语教师除了要能够自己完整熟练地演唱英文歌曲外，还应初步掌握打节拍和指挥的技能。此外还应具有根据教学内容对歌曲进行创编和再创作的能力。

(3) 英语课外活动的组织技能。课外活动是英语课堂教学的延伸。教师组织的各种各样的英语课外活动可以给儿童创设英语学习氛围、增长英语知识，是锻炼儿童英语综合应用能力的最好舞台，也是培养儿童健康人格和积极生活态度的有效途径。所以儿童英语教师在掌握扎实的专业基本功基础上，还应初步了解英语演讲、英语诗歌朗诵、英语舞台表演、英语广播等技能，为更好地组织英语课外活动积累经验、打下基础。

综上所述，成为一名合格的儿童英语教师是一个长期艰辛的过程，但同时又是一个快乐幸福充满成就感的过程。希望所有热爱儿童英语教学的教师都能经过自己的努力，在掌握儿童英语教师基本素质的基础上不断提升自我，更好地为儿童英语教育事业贡献自己的力量。

第三节　儿童英语师资现状及培养建议

根据教育部颁布的《关于积极推进小学开设英语课程的指导意见》(2001 版)的要求，我国从 2001 年秋季学期开始逐渐从市、县至乡镇开设和普及小学英语课程。由此儿童英语教育进入了一个全新的发展阶段，对儿童英语教师的需求和要求也都提升至了前所未有的高度。但现阶段的师资状况仍存在许多不足。

一、儿童英语师资现状

（一）儿童英语师资分布不合理

根据 2017 年《中国教育统计年鉴》(以下简称《年鉴》)的统计数据，2017 年小学生在校学龄人口 97701819 人，小学分课程专任教师中语文学科 2142326 人，数学学科 1714269 人，英语学科 450226 人。其中女性英语专任教师 391618 人；研究生学历教师 8271 人，本科毕业 323263 人，专科毕业 115272 人，高中及以下学历 3420 人。同时《年鉴》还对小学班额做了统计，如表 2.1 所示。

表 2.1　全国 2017 年义务教育小学段班额统计表

人数	城区	镇区	乡村
≤25 人	31998	86828	453533
26～35 人	79369	124462	239137
36～45 人	303742	355630	217294
46～55 人	245367	225719	81474
56～65 人	81222	83657	18202
≥66 人	23493	28684	3895

综上所述，对比庞大的在校学龄儿童人数、语文和数学学科的教师人数以及班额统计表中的数据，可见英语学科师资存在以下问题：

1. 专任教师数量不足，教师教学工作量繁重

城市小学班级数量较多且班额较大，乡镇小学班级规模虽小，但教师人数不足，大部分英语教师需要跨年级、跨学科教学，甚至一个英语教师负责几个学校的英语教学。这表明英语教师数量不足，工作繁重。

2. 教师男女性别比例悬殊

在《年鉴》中总数为 450226 人的专任英语教师中，女性教师占了 86.98%。同时在笔者所在的淄博师范高等专科学校小学教育英语方向的历届教学班级中，女生性别比例高达 85%～95%。男教师的严重匮乏必然会对儿童造成体验方式、思维模式、行为准则和价值观念上的影响，进而影响儿童的行为和人生发展。

3. 师资水平城乡地区差异显著，东西部差异显著，学历层次不齐

英语学科教师作为小学教师的一个组成部分，可以从小学教师总体对比状况得到体现。根据《年鉴》统计数据，以笔者所在山东省为例，小学专任教师中各学历层次分布如表 2.2 所示。

表 2.2　山东省 2017 年小学专任教师学历层次地区统计表

单位：人

	研究生学历	本科学历	专科学历	高中及以下学历	教师总数
城区	4724	107534	26226	2328	140812
城乡结合区	1001	29070	9084	1088	40243
镇区	1669	94741	56051	8429	160891
镇乡结合区	597	39038	25080	4005	68720
乡村	927	57480	48941	12826	120174

数据表明：在山东省小学专任教师中，城区高学历教师，包括研究学历和本科

学历，所占的百分比（研究生3.35%，本科76.37%）明显高于城乡结合区（2.49%和72.24%）、镇区（1.04%和58.89%）、镇乡结合区（0.89%和56.81%）及乡村（0.77%和47.83%），而低学历教师的百分比方面，乡村地区又显著高于城区（高中及以下学历分别为0.67%、1.65%）。

另外根据《年鉴》，笔者挑选并对比了东部和西部的几个省的专任教师学历层次分布情况，如表2.3所示。鲜明的数据对比表明我国儿童英语教育师资水平东西部地区存在巨大差异。在以北京、广东为代表的经济发展水平较高的东部地区，研究生学历和本科学历的小学专任教师比例远高于以安徽、甘肃、云南为代表的中西部地区，且中西部地区没有专业化教育背景的低学历（高中及以下学历）教师数量仍然很庞大。

表2.3　我国东、西部地区小学专任教师学历分布对比表

省市	总数	研究生学历人数	本科学历人数	专科学历人数	高中及以下学历人数
北京	64514	4523 (7.0%)	54755 (84.9%)	4910(7.6%)	326 (0.5%)
广东	507788	5556 (1.1%)	296699(58.4%)	192383(37.9%)	1315(2.6%)
安徽	244978	1205(0.5%)	123127(50.3%)	109998(44.9%)	10648(4.3%)
甘肃	141962	619(0.4%)	82096(57.8%)	47518(33.5%)	11729(8.3%)
云南	227269	706(0.3%)	102933(45.3%)	107299(47.2%)	16331(7.2%)

（二）儿童英语师资水平有待提升

作为山东省小学教师的重要培养、培训基地，笔者所在单位——淄博师范高等专科学校常年负责本市小学各学科教师的培训，在多年的培养培训调查中，笔者发现当前儿童英语师资水平存在如下问题：

1．片面追求高学历，但学历与教学能力并不完全对等

学历是教师专业素质的重要指标。虽然高学历教师的比例越高就意味着教师的整体专业素质应该越高，但教育是对人类灵魂的教育，而非理性知识的堆积，所以学历和教学能力并不是完全对等的。尤其是面对儿童这个特殊受教群体，要求教师在具备扎实的专业文化素养外，还需具备听、说、玩、演、练等活动组织能力，因而儿童英语教师的高学历并不能完全代表高专业性和高教学能力。二者的平衡还需要教师在掌握扎实的理论基础上通过实践不断提高自己的教学技能和职业素养。

2．教师的专业素养不够扎实

虽然当前绝大多数儿童英语教师的学历都达到了专科及以上水平，但他们在语音、语法、词汇等基础知识方面还存在很多不足急需提高，口语交际能力不能满足实际教学的需要。而儿童英语教学的主要任务之一是培养学生的语言表达能力。儿童正处于英语学习的“关键期”，一旦语音定型，将很难改变。因此，教师一定要具有扎实的专业基本功，尤其应具有地道的英语语音、语调，否则会给儿童终身的外语学习带来不良影响。

3. 教师缺乏丰富有效的语言教学手段和方法

有效的语言教学方法和手段能够保持儿童的英语学习兴趣，促进儿童未来的学习和英语教育的可持续发展。当前高速发展的信息时代，儿童英语教师应该积极主动学习尝试多种教学手段和方法，努力提高自己职业素养的同时提高儿童英语教学水平。

4. 教学模式和教学观念更新不及时，创新意识和实际应用能力薄弱

在当前知识爆炸的时代，各类各科教育教学研究不断推陈出新。儿童英语教学中教师迫于工作生活压力，缺乏对新的教学模式和教学观念的敏感捕捉意识和能力。即便通过培训和观摩能够有所了解，但也大多是机械的、表层的模仿，缺乏大胆创新的意识，无法实现灵活"为我所用"的效果。正是由于创新意识和实际应用能力薄弱，很多教师在教学中力不从心，"穿新鞋走老路"，教学效果不佳。

二、儿童英语教师师资建设的建议

根据当前儿童英语师资现状，笔者结合自己的培训实践经验，对儿童英语师资建设提出以下建议：

（一）职前

儿童英语教师的职前培养中应继续加大推进英语职业教育的力度，高素质的英语专业毕业生是儿童英语高水平教学质量的有力支撑者和推进者。因此当前我国应继续重视对英语教学的职业教育，具体举措如下：

（1）重视师范生专业英语知识和语言技能的提升。合理增加部分专业课的课时安排，提高专业课的教学效果，重视师范生英语语言技能的提升。山东省在2013年教师资格证考试制度改革后，部分师范专科学校为提高小学教师资格证考试的通过率，调整了人才培养方案，大幅度地减少了综合英语、英语听力等专业课以及非英语专业师范生的公共英语课。这样调整的结果就是专科师范类英语专业的毕业生英语专业素养水平明显下降，学生的英语语音语调、听说读写的能力大幅度下降。作为当前儿童英语教学队伍中重要组成部分的专科毕业生，英语语言技能不过关将会在入职后长时间内限制其教学能力的提高，影响教学效果。

（2）重视师范生"寓教于乐"教学能力的全面培养。当前很多师范院校在儿童英语教师的培养中重视学生英语语言素养和教学技能的培养，却忽视了对其"寓教于乐"教学能力的培养。师范生在入职后，没有唱、演、说、舞的经历，在丰富自己的英语教学过程中困难重重。因而儿童英语教师职前培养中在强调专业英语知识和语言技能的同时，还应在美术、音乐、体育课程中重视师范生的创新能力和组织能力，发展师范生"寓教于乐"的全面教学能力。

（3）重视师范生终身学习和创新能力的培养。教师作为传道授业解惑者，应紧跟时代步伐，时刻保持学习的意识，尽早养成终身学习的习惯和能力。师范生在校期间拥有充沛的体力、精力和充足的学习时间，正是培养终身学习能力的最佳时机；高校内专业的导师团队、科学的课程安排以及同学间和谐的团队合作精神又为创新能力发展提供了强有力的保障。儿童英语教师职前培养中应加大对师范生终身学习能力和创新能力的引导与培养。

(4) 重视师范生理论与实践结合的能力以及科研能力的提高。

当前师范院校，尤其是专科院校对师范生的培养过程中，教学法等理论课的开课时间较晚、课时安排时间短促，教学效果欠缺。同时理论学习与实践活动联系又不够紧密，学生对儿童英语课堂缺少足够的了解和体验，教学实践活动的安排与课堂理论教学不同步。导致很多师范生在实践时无从着手，不知道如何观摩学习，更不知道如何去发现问题、思考问题。鉴于现状，师范院校在教师职前的实践能力的培养中应转换实践教学的取向，由“理论之应用”转换为“实践中之理论”。注重教学经验的分散性获取，大量引进儿童英语教学一线教师参与师范生实践课程的教学与指导，建立一套备课—研讨—听课—评课—反思的实践教学模式，解决师范生实践过程中教什么、怎么教、为什么这么教的思想困惑。从职前培养阶段就为教育教学理论的践行做好铺垫。

科研意识和科研能力是教师在教育教学中发现问题、分析问题和解决问题的内在动机，也是推动教师自我成长与发展的保证。在儿童英语教师职前培养中应充分利用高校内浓郁的学术氛围和大量高水平的学术活动对师范生进行熏陶，开设相关科研写作课程和有关科研活动，来鼓励师范生尝试、学习科研创作，培养其科研意识，提高其科研能力。

（二）职后

教育是动态发展的过程。教师的职前培养只是教师成长的开始，入职后还需通过大量的培训才能适应社会和教育的发展。针对当前儿童英语师资现状，笔者针对儿童英语教师职后培训提出如下建议：

(1) 对在岗英语教师开展有针对性的培训。当前很多在岗的儿童英语教师虽然掌握了丰富的教学理论和实践经验，但与教育教学的发展相比还存在很多不足，且不足的具体内容有所区别：有的教师英语听说能力薄弱，有的科研能力不足，还有的教育教学技术落伍。因此，学校对在岗教师开展继续教育和培训时，应区别对待、因材施教，举办多种类型的培训供在岗的儿童英语教师根据自己的需求灵活选择，而非“一锅烩”。

(2) 严格筛选和培养符合需求的非英语专任教师。受地区发展、教师身体健康状况及其他客观条件影响，儿童英语专任教师迫切需要选拔转岗教师或非专业教师时，应该优先选择英语技能扎实的教师，并在教学工作开始前对其进行专门的职前培训，使其了解英语学科教学的特点和规律，更好地适应新的岗位。培训内容应针对受训教师的实际情况,有区别和有针对性地在英语学科教学技能、教学方法及英语语言素质等方面展开。

(3) 实现职前培养和职后培训的有机配合。教师的职前培养和职后培训是教师专业化成长道路的不同阶段,但两者是有机统一的整体。儿童英语教师的职后培训可联合各师范院校的英语专业,充分利用高校合理丰富的教学资源,通过访问学者、定期或不定期的研讨会、函授等形式为教师提供系统化和专业化的指导培训,有效地提高教师的英语理论水平和教学技能。

(4) 加强各地区、各学校间的师资交流。通过地区间、城乡间以及学校间各种长、短期对口交换交流的形式促进师资水平的均衡,带动边远地区和经济落后地区师资水平的提升。例如指派新教师入职前到师资水平较高的地区或定点单位进行至少一学期的跟岗培训,体验、学习先进的英语教学经验,为新教师未来的英语教学提供一个高水平的起点,也为师资水平较差地区的儿童英语教学带来新鲜的学习经验,注入更加优秀的新生力量。

总之,提高儿童英语教学质量的决定因素是打造一支专业素质过硬的教师队伍。当前儿童英语教学队伍在不断壮大和发展,儿童英语教学专业化的研究也在实践中不断摸索前行,并取得了一定的成绩和进步。但时代的发展对儿童英语教师的要求也越来越高。在这个知识不断更新的时代,建设高质量的儿童英语教学队伍,提高儿童英语素养是时代对我们每个儿童英语教育工作者提出的要求,也是我们的责任和义务。

第三章　巧妙地问，专注地听

英语教学的根本目的在于语言的应用，即用英语进行交际。而提问通常是交际的开始。英语课堂的提问既承担了交际功能，也是教师对教学活动进行把控的重要方式，同时也是儿童英语听力训练的最日常的组成部分。作为儿童英语学习开始的第一步——听的能力，又直接影响了说、读、写等语言技能的提升。因而儿童英语教学中对于课堂提问和听力教学的研究意义重大。

第一节　巧 妙 地 问

一、课堂提问的定义和意义

（一）课堂提问的定义

教学是由教师的“教”和学生的“学”两方面相互交流作用而促成人才培养的活动。课堂提问则是教学过程中师生交流最常用的一种方式和教学手段，也是教师保证学生学习热情和关注力延续的一种教学手段。从施教者的角度，课堂提问是指由教师发起，给出旨在引起学生的注意和反应的一系列信号和暗示的信息，同时要求给予反馈的过程。

（二）课堂提问的意义

英语作为一门外语，在教学过程中，师生使用英语进行交际是关键。因此课堂提问技能是儿童英语教学中教师必须具备的一项教学技能。巧妙有效的课堂提问对英语教学意义重大。

(1) 引发儿童学习兴趣，提高儿童学习专注力，启迪思维。教师的有效提问可以激发儿童头脑中的已有信息，触发儿童的兴趣点，提高学习热情。面对教师的有效提问，儿童会有压力地、积极努力地去思考探索。同时为了跟上教师提问的节奏，儿童需要认真地关注课堂教学的进程和教师的一言一行，保证注意力的集中和持续。

(2) 产生和推动师生课堂的交流与互动。提问过程中教师与儿童可以实现更多信息的交换与共享，增进双方的了解，触发彼此的表达热情，进行更多语言和情感上的交流与互动。

(3) 检测学生课堂学习，提升儿童英语语言应用和交际能力。通过提问，教师可以检测儿童的课堂学习效率，发现其学习中的短板、易错点等，及时进行纠正和改错。提问也给儿童提供了更多英语交际的机会，帮助儿童更好地进行人际交往，锻炼英语应用能力和表达能力。

(4) 推动英语人文课堂的创建。通过提问，教师可以发现儿童在生活中、学习中存在的很多潜在的问题，如生活习惯、交友、兴趣爱好、心情等，从而更好地全面了解儿童的内心世界，给予及时的关注与引导，让儿童感受英语的人文性价值。如通过提问“What do you do at weekends?”可以发现儿童喜欢打游戏、晚睡等不良习惯，及时给予最好的建议，引导孩子养成良好的作息与兴趣爱好等。

二、提问的分类

教师课堂提问的问题多种多样，本书从发问者和回答者的不同角度，将教师提问的问题分类如下：

（一）根据提问目的

根据儿童英语课堂教师提问的不同目的，提问的问题分成导入性、检查性、求真性和辅助性等类型。

1. 导入性问题

导入性问题的提出目的很明确，就是用在导入环节，对新知呈现起到导入作用。那么这类问题的设计应该侧重于建立起旧知与新知之间的联系，激活学生头脑中已存的相关信息，激发学生的学习兴趣。因此导入性问题应避免出现“Do you know ...”或“Have you been ...”这样以简单回答“Yes/No”来结尾的问题，应多采用“What do you know ...”或“How do you ...”等这样能够激活儿童旧知存储的问题。

2. 检查性问题

检查性问题是指教师为了了解学生对授课内容的学习效果所提出的问题。这类问题在儿童英语课堂很常见,但由于儿童的英语语言水平和认知理解能力有限,往往会出现答非所问的场面,需要教师给出明确的语言示范来强调回答的方式。例如在“I usually ... at weekends”这个句型的学习中,教师提问“What do you usually do at weekends?”,学生因为不明白教师的提问意图于是跳过了句型,直接回答“Play basketball”“Watch TV”等。这种情况下,教师就需要做出语言示范:“I usually play basketball at weekends”。

3. 求真性问题

这类问题的提出旨在了解学生自己真实的想法或建议,教师关注的是学生的回答内容。例如,面对学生迟到,教师提问“Why are you late?”;征求学生意见时,教师会问“What do you think of it?”。教师希望得到学生的真正答案以增加课堂互动和师生交流。

4. 辅助性问题

这类问题是教师为了辅助学生理解和掌握较难的语法和词汇而设计提出的。例如在学习“It is too cold to swim today”中的“too ... to ...”结构时,教师可以通过拆分提问句子内容来帮助学生理解:“Is it cold today?”“Is it very cold today?”“Can we swim today?”“Why not?”。

(二) 根据回答的自由度

根据课堂上儿童回答问题时的自由度,教师的提问可以分为:

1. 封闭性问题

这类问题儿童的回答必须是明确的、唯一的。例如教师就课文内容进行的提问:“How old is Liming?”“How many monkeys can you see in the picture?”等。

2. 开放性问题

这类问题通常没有固定唯一的答案,要求儿童能够根据教学材料发挥想象,构建语言材料,从而进行有创意的回答。对儿童的语言水平和认知水平要求较高,需要儿童具备较高的思维能力和分析解决问题的能力。对语言水平和认知水平达不到的儿童,需要教师做出提示和启发。

(三) 根据回答的认知努力程度

不管回答什么样的问题,儿童都需要投入不同程度的认知努力。根据认知努力的程度,问题分为:

1. 低认知水平问题(展示性问题)

这类问题通常比较简单,儿童可以在教学材料中直接找到答案,只需要展示答案就可以。这是教师检查学生对授课内容学习效果最直接的方式，但不利于学生语言交际能力和思维能力的培养。

2. 高认知水平问题(咨询性问题)

这类问题需要学生付出较高的认知努力，经过寻找、思考，努力用自己的语言能力与他人合作交流后才能得到答案，可以很好地锻炼和提高儿童的语言交际能力、合作学习能力以及思维能力。但因为对儿童的语言水平和认知水平要求较高，教师在设计时应充分了解儿童的实际认知和语言水平，与低认知水平问题适当搭配采用。

三、教师提问的组成要素

(一) 问题的设计与提出

问题的设计是课堂提问的第一步，也是决定一次课堂提问是否成功的一步。在设计问题时，教师应注意：

(1) 课堂问题的设计应难易结合，呈现出多样性且易于学习，使基础各异的学生都能参与其中。例如由简单回答“Yes/No”的是非问题到“wh-”问题；由可以直接找到答案的低认知水平问题到中等难度的问答再到高认知水平问题等。

(2) 问题的设计应符合儿童已有的知识水平和生活体验，保证每个问题都有极强的针对性，且语言要清楚精确，力求每个儿童都能理解问题所指。低于或超出儿童实际水平的问题都引不起他们的兴趣，提问的目的也就无法实现。

提问时，教师还应该注意观察儿童流露出来的反馈信息，据此来调整自己的声音大小、语速快慢、语气与语调的起伏变化以及用词和停顿等。

(二) 提问后的耐心等待

(1) 作答前的耐心等待。教师提出问题后应该给儿童充分的思考时间，而不是立即要求学生作答。儿童英语学习阶段受自身语言和认知水平的限制，在听到英语问题后需要较母语问题回答略长的思考时间。这就要求英语教师在提出问题后，需要视问题的难易程度，给予儿童足够的思考时间，展示性问题的等待时间可以控制在5秒以内，而高认知水平的咨询性问题则要适当延长等待时间。足够的思考时间下儿童才能自如地组织语言给出满意的答复。

(2) 回答中的耐心等待。受个体差异和问题难易程度影响，并不是所有儿童的作答都正确无误。这就要求教师在儿童回答问题时，面对儿童表达的语言或逻辑错误，不要急于打断他们的连贯表达，要给予足够的耐心，等待其回答完毕，同时要允许儿童给出预设以外的答案，以保护他们的思维成果和学习积极性。

(3) 积极主动的耐心等待。耐心等待并不意味着教师什么也不做只是一味地等着。等待时间内，教师的思维应是积极主动的，尤其是当看到儿童的作答遇到困难时，应当积极主动地给予适当的点拨来帮助儿童疏导思维，例如提示、重新措辞、补充问题、鼓励学生预测答案、设问等追问形式都是必要的。教师积极主动的耐心等待有助于课堂提问价值的超值体现。

（三）认真倾听

倾听是对说话人表示尊重的一种态度。课堂提问过程中，学生的认真倾听是对教师提问成功的反馈，也是提高提问效果的保证，而教师对学生回答的认真倾听表现了教师对学生的尊重、对学生语言反应的关注，同时也是对学生的回答进行鼓励与支持的体现。教师在课堂提问的过程中，要保持愉快、友好、从容、平等的态度来提出问题，并从语言和动作等方面尽力做好一名认真、耐心、鼓励式的倾听者。

(1) 从心理上抛开个人偏见，尊重个体差异，平等对待每个儿童的回答；尤其是对那些课堂上的“问题儿童”更要给予足够的关注和耐心，而非简单粗暴地打断儿童的回答，一味地批评否定。

(2) 从时间上给予尊重与宽容。不要为了追求课堂进度而随便打断儿童谈兴或磕磕绊绊的回答，多耐心等待几秒钟，让儿童表达完自己的想法，让儿童感受自己得到尊重与重视的成就感。当然可给予适当提示来帮助有困难的儿童。

(3) 保持良好的精神状态。良好的精神状态是倾听质量的重要前提。教师在课堂上应避免流露出萎靡不振、眼神涣散、心不在焉等不良情绪，以免让教师的个人情绪阻碍师生交流，打击儿童参与学习的热情。所以教师要努力维持大脑和身体上的兴奋状态，用饱满热情的良好精神状态来倾听回应儿童的回答。

(4) 用适当的口头语言或肢体语言对儿童的回答做出鼓励与肯定。在儿童回答问题的过程中，教师可以通过微笑、点头、眼神的关注以及身体前倾等肢体语言表现出对儿童回答的关注和兴趣，同时也可以适当用“Yes/Ok/Good”等话语给予肯定和鼓励。

（四）反馈与纠错

在外语学习中，语言错误是不可避免的，尤其是对于英语语言水平和认知水平都不够好的儿童来说，因此纠错就成为英语学习课堂无法避免的内容。虽然纠错有助于提高儿童的语言习惯，但时间和方式的差异对纠错效果影响显著。

(1) 从纠错时间上儿童英语课堂教师的纠错分为及时纠错和宽容纠错两类：

① 及时纠错。及时纠错多用在程序性提问中，即要求学生进行模仿、操练和简单的替换回答。这一类提问的目的主要是给学生更多的语言实践的机会，保证语言信息的正确输入。及时的纠错能够让学生迅速有效地改正自己在语音、语调和语法等基础知识方面的错误，为语言的实际应用打下基础。

② 宽容纠错。宽容纠错多用在检测学生思维和表达连贯的问题回答中，如整段文章的朗读与复述、角色扮演与对话，以及高认知水平问题的回答中出现的语言

错误或观点错误等。针对这类错误,教师应采取答完再明示纠错的策略,而不是见错就纠,破坏儿童语言表达和思维的连贯性。宽容纠错既保证了学生的错误得到了纠正,同时又体现了教师对学生所付出努力给予的尊重,保护了学生的自尊心。

(2) 从对学生回答的纠错主体上分为教师纠错、学生自我纠错和同伴纠错。受儿童实际语言水平的制约,对低龄段儿童多采用教师纠错的方式,而高龄段儿童的英语学习中则可采用自我纠错和同伴纠错的方式,但教师的提示和反馈必不可少。

(3) 从教师对学生回答的反馈形式上分为明示纠错和暗示纠错。明示纠错可以帮助问题回答者和其他儿童明确及时地改正错误;而对于性格内向、敏感胆小的儿童或心理较成熟的高龄段儿童,为保护他们的自尊心和学习积极性,含蓄地暗示纠错更受欢迎。

四、课堂提问的原则

从课堂提问的常见问题分析,课堂提问应遵循以下原则:

(一) 清晰性

教师提出的问题应该在儿童理解范围内,儿童能够清晰地明白问题所指或教师的要求才能给出相应的回答或回应,达到提问的目的。否则答非所问,提问毫无意义。此外教师在面对低龄段或英语水平较低的儿童时,除了注意用语的选择要清晰易懂外,必要时还应给学生做出示范以利于学生理解和回应。

(二) 兴趣性

兴趣性是指教师提出的问题要能够引起儿童积极主动的思考,并乐此不疲地去寻求答案。这就要求教师要了解不同年龄段儿童的心理、生理及认知和语言的特点,熟悉其在生活学习中的兴趣爱好和关注点,从而在问题设计的过程中以兴趣为切入点,在儿童可接受范围内适当增加难度,体现问题的挑战性,让课堂提问更有吸引力。

(三) 覆盖性

覆盖性是指教学的课堂提问应面向班级内大部分儿童,而不仅仅局限于少数优秀生。如果教师的提问只局限于几个能够积极思考和回答问题的学生,根据他们的回应来决定教学速度,而那些不能立刻掌握教师教学要点的学生则得不到关注,长此以往,他们的英语学习兴趣和自信心都会受到打击。

(四) 价值性

价值性是指教师的提问应带有明确的目标性,体现出促进学生学习的价值。

在设计问题时，教师应清楚提问的目的是什么，为了达到什么样的语言技能或情感目标等。例如导入阶段的提问是为了激发学生的学习兴趣、导入新课，那问题就不应该是简单的“Do you know Christmas? —Yes, I do.”这种对学生理解新知没有任何铺垫作用的零起点问题，此类问题体现不出提问的导入价值。再如在 Hobby 这个单元话题的“What is your hobby?”提问中，深入追究某个学生“如何打篮球”也是毫无意义的，偏离了教学目标。

（五）可接受性

可接受性指的是教师的提问要在学生的认知和语言能力范围内，既符合学生的真实生活体验，又在语言表达能力范围内。这样的问题学生才能有的说、愿意说。否则就会造成冷场的尴尬局面。

（六）反馈性

反馈性指的是教师在学生回答完问题后应及时给予有效的反馈。通过反馈积极引导学生进行进一步的思考和学习，或给予肯定和鼓励，激发学生的学习热情。得不到反馈的回答，会让学生感觉没有受到老师的尊重和重视，从而打击学生的学习积极性，以致丧失学习热情。

五、课堂提问的常见问题和对策

（一）儿童毫无反应

课堂上面对教师的提问，不少孩子有时没有任何反应或反应匮乏。对于此种情况，除了儿童自身的问题外，教师还应从自己提出的问题方面来分析原因：

(1) 问题设计太简单或无趣，没有吸引力，儿童不屑于思考回答。

(2) 问题设计太难。表述语言太难造成儿童无法理解问题本身；内容设计超出了儿童的语言和认知水平，儿童虽然听懂了问题，却不知道如何回答。

(3) 儿童内心对教师充满胆怯抵触，不敢或不愿意回答。

面对课堂提问的冷场，教师应该进行调查与反思，针对不同原因进行改进。对于不敢不愿回答的类型，教师应从自身的教态、课堂用语等方面做出调整与改进，态度和蔼、语气温和，课下跟儿童多交流互动，课堂上多采用鼓励肯定的语言和眼神，多关注学困生等。而前两种情况的出现则是教师课堂问题设计失败造成的，这就要求教师在问题设计时从理念和技巧上多学习多思考：

(1) 避免提出过多的“Yes or NO? /Is it right?”这类儿童不需要思考就能回答的问题，简单提问过多会造成无用信息输入过多，儿童疲于接收信息，效果自然下降。

(2) 避免总是提出相同或类似的问题，有创意、新意的问题才能引起儿童思考的热情和积极性。

(3) 避免使用过多的术语或非常见的单词和语句来表述问题。儿童阶段的英语水平有限,一定要使用儿童接受范畴内的语言表述问题,才能引起共鸣。

(4) 避免问题内容设计超出儿童的生活经历和认知水平。问题内容应围绕其熟悉的生活体验展开,符合其认知,才能激发儿童参与的积极性,达到有的说—能说—愿意说的理想效果。

此外,严格遵守课堂提问的各项原则,设计的问题要体现目的性、交际性、层次性和思想性等特点。

(二) 教师自问自答

教师自问自答场面的出现多见于高龄段儿童英语课堂,除了上述引起儿童毫无反应的多个原因外,教师在提出问题后的等待时间不足也是重要原因。很多教师为了使课堂教学更有效率,常常忽略了留给儿童思考的时间。一味地按照自己设定的步骤开展教学,提出问题后看到儿童没有太积极的回应就干脆自己回答了。教师的自问自答其实是打断了儿童的思考,匆忙地提前结束了儿童没有完成的一次思维的锻炼与发展。所以针对这种情况,教师在课堂提问的设计过程中应该给儿童的回答预留出充足的思考时间,并灵活运用转换提问的角度以及追问、提示等策略耐心积极地等待儿童的精彩回答。

(三) 少数人的互动

课堂上教师提问只有少数人互动的原因是教师对于课堂互动的儿童名额的分配出现了问题。分析其原因如下:

(1) 教师的问题设计没有层次性。不符合大多数儿童的实际水平,或只关注了优秀生,或只关注了学困生,造成了只有少数人参与互动的后果。

(2) 教师对提问环节的时间安排不够充沛,造成了在有限的时间内只能跟少数水平高的儿童互动才能保证课堂教学的顺利开展。

为改变只有少数人互动的低效课堂提问现状,教师课堂提问的设计应该符合大多数儿童的英语水平,同时又能因材施教兼顾学困生和优秀生,这就要求教师对问题难易度的设计应有层次性和针对性,即便是同一个问题的内容也可以通过改变提问的形式来调动不同水平的儿童的学习积极性和参与度。同时适当调整课堂教学进度,让大多数学生都能体验到自己是英语课堂的主角,而非“群演”。

六、教学案例分析

案例一

教学背景：本课教学内容是鲁教山科版四年级上 Unit 6 Lesson 3 “She works in a hospital”，本单元主题是“Family”。学习内容为简单介绍家庭成员的外貌、职业以及工作地点。第三课安排在儿童掌握“My father has short hair”和“What does your mother do? — She is an art teacher”这两个主要句型结构后进行。四年级的学生在学习了一年多的英语后，对课本人物角色以及场景等非常熟悉，语言水平、生活常识以及思考能力都有了极大的提高，但对于内容前后间的联系和逻辑推理能力还有待提升。

课堂片段实录：

（在课堂复习旧知后，教师出示以下图片，接着开始要求儿童回答教师的提问。）

图 3.1 鲁教山科版三年级起点四年级上册 U6 L3

T：Now, please look at this picture carefully. What can you see?

Ss：Liming, Amy.

T：Yes, right. Sit down, please! Daming, what can you see?

S1：A nurse, two girls, three boys.

T：You are right. Liling, what can you see?

S2：Desks and chairs.

S3：They are in classroom.

T：Well, You are all right. But look at this one (pointing to the nurse), what does she do?

Ss：She is a nurse.

T：Great. She is a nurse. You see，I am a teacher. I work in a school. And she ...

S4：She is a nurse. She works in a hospital.

赏析：很明显在这个提问环节中，儿童在理解教师提问目的的过程中遇到了麻烦。第一次的集体回答后，教师虽然在不断地追问“What can you see?”，但明显语气越来越急促，表情也着急起来，而举手尝试回答问题的儿童却越来越少了。在第三个儿童回答后，虽然教师试图通过点击图片中的护士图像来提示儿童，但依然没有达到最终的提问目的，儿童也没有能够按照教师设计提问的预设，把本节课的主要内容“She is a nurse. She works in a hospital”回答出来。这就说明教师在课堂提问的设计中，遵循目的性原则不够到位。

但这位教师在提问后的等待过程中做到了积极主动。如果她固执地继续追问下去，儿童依然答非所问，本堂课的教学进度就无法完成。相反她主动地给予儿童必要的动作和语言提示，通过举例引导儿童做出正确回答，及时地“救场”，达到了预定目的。这个课堂实录的问题设计虽然有瑕疵，但教师的积极等待以及对儿童回答的及时反馈却值得学习。

案例二

教学背景：本课教学内容是鲁教山科版四年级下 Unit 4 的复习课。重点内容是复习句型“Sometimes，I do housework”。要求儿童掌握主要句型，能够描述自己的日常生活，培养关爱家人、积极向上的兴趣爱好和生活习惯。

课堂片段实录：

T：Sometimes，I watch TV at the weekend. What about you? What do you do at the weekend?

S1：I often visit my grandparents.

S2：I often play football.

S3：I often go shopping.

S4：I often ...

S5：I often see a doctor at the weekend.

（提问结束，开始下一个环节。）

赏析：这段课堂实录中，教师提的问题只有一个，问题很简单也符合儿童语言和认知水平，密切联系生活体验，并且教师也做出了语言示范，符合清晰性、可接受性、价值性、覆盖性等原则,儿童反应也很积极,参与度很高。但表面看似很标准的一次课堂提问,却存在两个大问题。

在这次提问中,教师对于儿童熟练使用句型"I often do ..."的提问目的明确,也充分地挖掘了儿童的生活体验,希望提升儿童的综合语言运用能力,但对于儿童的回答缺少了积极的反馈。

首先,对于前四位儿童的回答没有给予及时的反馈,儿童无法判断正误,而且单方面的表述也不符合实际交际的要求。教师应该通过动作或语言肯定儿童的回答,如转述儿童的回答"Oh, you often go shopping at the weekend. Me too",体现交际的真实性和自然化。

其次,对于第五位儿童的回答缺少了人文性的关怀。教师没有全面关注提问的价值性。英语作为一门语言,应密切联系生活场景,这样才能实现有效的语言的应用,达到交际的最佳效果,使儿童获取有意义的语言知识和生活体验。因此人文性和真实情感的交流体验也是英语教学的目标和价值之一。通过这位儿童的回答可以看出这个儿童身体状况不是很好,经常去医院看病,这是儿童的真实生活经验。但教师置若罔闻,直接进入了下一个环节,只关注了语言表达的正确性,而忽略了英语课堂人情味的信息交流和情感表达,关爱他人的情感目标只是成了句口号而已。其实教师可以在第五位同学回答后这样说:" I am sorry to hear that. I don't hope you often see a doctor at the weekend. You should often play football or basketball and get stronger",以此表达自己的关心和希望,用实际行动教会孩子们表达对他人的关爱,更全面地体现出提问的价值性。

上述这两个问题是我们儿童英语课堂普遍存在的现象。不管是迫于课堂时间有限造成的对学生回答反馈的缺失,还是由于教师个人的工作状态欠佳造成的对学生回答人文性关怀的缺少,都反映出了当前儿童英语教学中课堂提问环节教师存在的不足,希望通过本案例能引起儿童英语教师对课堂提问的重视,让儿童在英语运用过程中更好地体验到真实情感的交流体验,而非枯燥机械地在使用这一语言工具。

第二节　专 注 地 听

"听"作为人类学习与认知活动的基本形式之一,是吸收和理解口头信息的过程,同时也是有目的的交际行为的开始。较高的英语听力水平是儿童英语素养的一个充分具体的体现,也是儿童英语素养提升的一个重要内容。

一、儿童英语听力教学的意义和目标

（一）儿童英语听力教学的意义

听力是指听的能力，即听者吸收和理解语言材料所载信息的交际能力。语言初学者通过大量的新语言信息的输入，加深对所学语言的认识，从而提高语言的综合运用能力。

在英语学习过程中，“听”不仅是学习者获取英语语言输入的基本途径之一，也是保证学习者英语规范化和加强英语实际应用实践的重要手段，是提高语言交际能力的中心环节。所以听力是英语学习的基础。

儿童英语教学是当前我国大多数青少年第二语言的启蒙教育，而儿童英语听力教学正是这种启蒙教育的第一关。作为英语四项基本技能（听说读写）的首要技能，良好的英语听力可以培养儿童纯正的发音与敏锐的预感，从而激发英语学习兴趣，提高自信心，大大促进说、读、写等其他技能的发展，同时有利于为日常交际的进行打下良好的基础。因而英语听力是儿童英语学习的基础，更是“听说领先读写跟上”教学理念得以实现的第一步，是提高儿童英语教学的关键。

（二）儿童英语听力教学的目标

儿童年龄跨度较大，根据我国英语课程表的分级，儿童英语听力教学目标如表3.1所示。

表3.1　儿童英语听力教学分级目标细化表

一级	二级
能根据听到的词语识别或指认图片或实物	能在图片、图像、手势的帮助下，听懂简单的话语或录音材料
能听懂课堂简短的指令并做出相应的反应	能听懂简单的配图小故事
能根据指令做事情，如指图片、涂颜色、画图、做动作、做手工等	能听懂课堂活动中简单的提问
能在图片和动作的提示下听懂简单的小故事并做出反应	能听懂常用指令和要求并做出适当反应

二、儿童英语听力教学的原则

（一）教学材料选择科学合理

儿童听力教学材料的选择非常关键。受儿童特殊的生理、心理及认知规律的影响，听力教学材料的选择是保证儿童听力教学顺利进行的重要前提。

(1) 时长与难度的科学性。儿童的注意力集中时间较短、理解力有限，因此儿童英语听力时间不宜过长，内容力求简单，形式以听辨字母、单词以及短小精干的简单短句为主，短句要求理解大意即可。

(2) 内容选取的趣味性。兴趣是儿童学习动机的重要因素，是儿童保持学习热情的重要手段。儿童英语听力教学应选取儿童感兴趣、接近儿童生活和学习的材料，尽可能给他们以感性的而非理性的认识。另外要注意使用巧妙的导入来调动儿童听力训练的热情和积极性。

(二) 难度把控循序渐进

儿童英语听力的提高是一个长期坚持的潜移默化的过程，要从易到难逐步过渡，切忌盲目拔高，打击儿童学习积极性。儿童英语听力教学可以分为三个等级：

(1) 听音。听音阶段要求给儿童提供清晰规范的英语发音，保证单词发音准确规范，短句音调纯正，语速适中，情感过渡自然顺畅，避免怪腔怪调，确保儿童听到的信息准确无误，不要因朗读效果而影响儿童听的结果。

(2) 辨音。辨音难度要大于听音，需要儿童区分发音相近的字母、单词或句子。要求听力材料的朗读辅音清楚可辨、元音饱满圆润，口型到位。教师可以指导儿童边听边指认，通过反复听，简单讲解发音技巧，引导儿童观察发音口型、表情等，让儿童模仿发音，体味区别，学会辨音，如把一个手指横放于上下牙齿间体会小口[e]的发音，换成两个手指区分大口[æ]等。

(3) 交际应用。交际应用是基于听音、辨音基础上的提高，难度较大，要求儿童在听到、辨别出所听内容后，用一定的形式表达出来。这要求听力材料的朗读节奏明确，重点信息有所突出，停顿合理，内容贴近儿童生活体验。教师可以重复听力材料，引导儿童关注重点如“wh-”信息，学会标注等技巧。此外训练中应发挥儿童爱模仿、会模仿的特点，通过穿插“Follow Me”等活动提高训练的趣味性。

(三) 语言输入纯正丰富

根据美国语言学家克拉申(Stephen D. Krashen)的语言输入理论，外语学习是通过大量、直接的语言输入而形成的，只有得到足够的可理解性输入且情感过滤低到允许输入的语言材料进入语言习得机制，学习者才能习得第二语言。因此为了培养儿童初步用英语交际的能力，就需要让他们多听大量的纯正的英语材料；为保证儿童听的兴趣，可以选用符合他们爱好的难度合适的原声影视动画影像材料等。另外，教师的语言输入应保证用正常的语音语调说话，为儿童将来用英语交际打下良好的基础。针对低龄段儿童，教师可以根据课堂实际情况采用放慢语速、口型动作稍微夸张一点的方式来防止儿童吞音、丢音的不良发音习惯。

(四) 训练方法丰富有趣

针对儿童注意力保持时间短，活泼好动等特点，英语听力训练不能孤立、单一地听，要尽可能地调动儿童更多的感官去参与学习。教师应尽可能多地设计一些游戏来保持儿童的学习兴趣，把听说玩演唱融合到一起，如比较简单地做出肢体动作，涂上正确的颜色，正确排序等，避免儿童产生枯燥乏味的抵触情绪。但游戏的设计和多种感官的调动要合理适度，符合课堂的实际情况。儿童的热情参与和表达应在教师的可控范围内，且不能影响听力训练的正常进行，不是让儿童为了“动起来”而动，一切是以提高儿童的听力水平和思维、智力发育为目的。例如大幅度肢体动作的表现会导致拖沓、噪音大等不好的后果，影响后续的听力进行，而超过儿童思维和认知的活动又得不到儿童的认可，达不到预期效果。

（五）尽可能降低母语的使用

受英语水平限制，儿童的英语听力训练无法实现全英文授课，母语的辅助作用不可避免，但应尽可能减少母语的使用。在教学中教师应尽可能使用英语，必要时辅以手势、动作、眼神、表情等肢体语言，努力为儿童创设一个英语学习语境。

三、影响儿童英语听力提高的原因

（一）心理焦虑

心理焦虑是所有外语学习者听力技能训练中普遍存在的一大障碍，并且听力训练的不可视性与儿童擅长形象思维的特点恰恰相反。这就使得儿童在听之前就产生了“很难，听不懂”的紧张畏惧心理。畏惧紧张的心态影响大脑的有效工作，听力效果自然就无法提高。所以英语听力教学中减轻儿童的心理焦虑非常必要。

（二）母语的干扰

母语是儿童在成长过程中最早接触并掌握的第一语言。绝大多数儿童在学习英语前就已经能够熟练运用汉语并形成了中式思维。在英语学习过程中，汉语在发挥媒介作用的同时也起到了负迁移的作用。如很多高龄段的儿童在英语单词下面用汉字标注发音，但并不是所有的英语音素都能找到准确的汉字来标注，于是就出现了读音的不规范。英语听力练习中，绝大多数初学者习惯于在听到英语单词或句子时本能地把它翻译成汉语，然后再转换到单词或句子所指代的意思，这两次转换的时间就使得他们的思维落后于听力材料的进度，导致听力理解的低效或失败。

（三）文化背景知识的缺失

语言的学习分为技能和文化两部分。这两部分的学习相辅相成、相互促进。文化作为一个民族特定生活的反映，透视了这个民族的文化心态，蕴涵了这一民族的思维方式。文化背景知识的缺失会导致听力训练过程中儿童听不懂或无法理解听力内容。如在动画片段中出现了“You are a lucky dog today”,如果教师不及时对英美文化差异进行解释说明,那么儿童是无法理解这句话是在称赞别人的好运气的。因此在儿童英语听力教学中,教师在课前或适当的时机渗透介绍英语国家的文化,让儿童了解熟悉英语国家的文化背景是非常必要的。

(四) 词汇学习的不足

词汇是语言大厦构建的砖瓦。日常词汇和用语的缺乏及单词意义的片面了解使得多数儿童英语词汇量不足,成为提高儿童英语听力的一大障碍。词汇学习的不足不仅是指儿童词汇量的不足,还包括儿童单词学习中音、形、义的分离。

美国心理学家奥苏美尔认为,如果在单词图式中只存储了单词的文字符号和意义部分,那么在输入有潜在意义的声音信号时就无法被理解。在教学中经常会听到单词觉得很熟悉却想不起来意义,但看到拼写就恍然大悟,即单词的音、形、义分离所致。这就要求我们在英语词汇教学中重视单词音、形、义的相互结合,同时努力尝试自然拼读等新的教学方法扩大儿童的英语词汇量。

(五) 错误的听力学习习惯

英语学习是一个长期坚持不懈的过程。一个好的学习习惯可以提高学习者的学习效率、提升成就感、增强自信心,进而促进学习者更好地学习。儿童英语听力学习过程中好的学习习惯的养成应避免以下问题:

(1) 过度追求每个单词都听懂的极致效果。这种听力习惯常导致儿童在听的过程中纠结于某一个或几个单词上,从而错过其他的听力内容,导致听力效果不佳。

(2) 边看边听。很多儿童包括成年英语学习者认为文本可以更好地辅助听力理解,于是习惯于在听录音的同时阅读文本信息。但研究表明听力习得属于传音神经输入,而文本阅读属于视觉神经输入。边看文本边听录音往往以阅读习得先入为主,干扰了听力输入的效果。

从以上两种错误的听力学习习惯来看,教师在听力教学中帮助儿童获取正确的听力学习策略,养成正确的听力学习习惯必不可缺。

四、儿童英语听力教学指导策略

(一) 从基础入手,训练提高儿童辨音能力

在影响儿童英语听力提高的因素中,单词的音、形、义分离是一个重要原因。这就需要教师在英语词汇教学时,指导儿童尽可能地调动手、眼、耳、舌等多种感官,最大限度地增加词汇习得时的习得输入量,要求儿童做到“手上写着,嘴里读着,眼睛看着,心里想象着”,把单词的音、形、义融为一体,提高单词记忆效果。更

重要的是要求儿童长期坚持这样的单词学习方法，养成整体学习单词的良好习惯，为提高英语辨音能力的准确性打下基础。

（二）关注听力技能的训练，培养良好的听音习惯

听力技能的训练是一个量变到质变的长期过程，这就要求教师在教学中要不厌其烦地坚持对儿童英语听力技能的重视。具体分为以下几点：

（1）培养儿童辨别常见语音现象的技能。英语口语表达中常见连读、失爆、浊化、弱读等语音现象。儿童英语学习中的语音现象都是最简单、最基础的，如：辅音+元音的连读 Not～at～all，辅音+半元音的连读 Thank～you，词尾元音+词首元音的连读 I～am Chinese，失音现象 Good morning 读作/gu_'mɔːniŋ/等。如果儿童不熟悉这些特殊现象就会影响听力理解效果，教师应该及时向儿童解释说明，并进行相应的对比练习，帮助儿童掌握语音语调、节奏、停顿的正确的表达，并熟悉略读、连读等特殊语音现象。

（2）培养儿童迅速捕捉敏感信息的技能。敏感信息包括数字、人物、地点以及其他有明确要求的重要信息。引导儿童把注意力集中到有用信息上，而不是所有的单词和听力内容。

（3）培养儿童推导—猜测的技能。听力理解就是一个估计、猜测、预期、推断、想象等能力相互作用的过程。儿童在听力材料接收前的判断和预测会直接影响接下来的听力效果。教师在听力教学中应有意识地引导儿童根据已知信息、语音语调及生活体验来推导和猜测未知信息或不明确的信息，从而完成对听力材料的整体理解，抓住中心内容。

（4）培养儿童的信息记存能力。记存能力就是记住听到的词、词组并迅速加工成意群记存起来的能力。进行这种训练不仅仅是要求儿童听懂几个单词，而且要听出它们之间的联系，并把它们作为一个意群、一个整体进行记存。这就要求教师在向儿童进行英语口语输入时，要尽力保证自己在意群内的语音现象不能出错，并有意识地指导儿童进行意群的划分，培养意群记存能力。

（5）逐步培养儿童记笔记的能力，尤其是高龄段儿童。引导儿童在听力过程中学会用自己的简单方法记录关键信息，如字母、数字、词组等，而不是全句记录。

（三）视听同步呈现，增加趣味性

视听同步呈现，指的是根据听力内容的难度和教学的需要，用图画或实物、动作等配合声音，帮助儿童提高听力效果。视听同步呈现既可减低听力难度，又使教学情景化，增加了趣味性。

五、儿童英语听力教学常用教学方法

（一）重述法

这是儿童英语教学在教授新词句时最常用的方法。先让儿童听完录音或教师的领读，然后跟读、重述听到的内容。也可以挑选发音较好的儿童来充当“小老师”，以此激发儿童的学习热情。但要注意对儿童听力正确性和精确性以及正确语音语调的重视和培养。

（二）听＋X教学法

针对儿童活泼好动、注意力集中时间短等特点，将听和动手动脑的其他形式结合在一起，更高效地调动儿童多种感官的参与，提升思维、动手能力，寓教于乐。具体分为：

（1）听一听＋指一指(listen and point)。紧扣儿童听力教学目标，训练儿童借助一定的图片、实物，听懂简单的对话或录音材料的能力。例如有关学校和学习的单元教学，就可以让儿童听录音指出录音材料的相关内容。

（2）听一听＋画一画(listen and draw)。将听力教学与画画结合起来，可以训练儿童的听力、理解力、反应力，让儿童在“玩中学，学中玩”，不知不觉地提高儿童的听力水平。通过这种方式既巩固了词汇，又培养了儿童的创新能力，例如有关颜色的单词的教学，可以让儿童在“听一听”中完成颜色的涂画。

（3）听一听＋做一做(listen and do)。针对儿童活泼爱动的特点，让他们在课堂上动起来、活起来，全面参与进来，最大程度地发挥儿童的主体作用，从而达到听力教学目标，例如有关体育活动的单词、词组的表达和简单肢体动作的展示等。

（4）听一听＋写一写(listen and write)。根据不同阶段的儿童设计不同难度的听写内容，通过长期、经常性的听写训练，可以使儿童掌握巩固所学语言材料，同时提高听力水平。例如低龄段儿童可以设计字母、单词的听写，高龄段儿童可以尝试简单词组和短语的听写。

（5）听一听＋唱一唱(listen and sing)。与上面几种方法一样，听歌学英语也是借助儿童喜爱的方式渗透听力教学。根据不同年龄段和实际英语水平，教给儿童一些相应程度的英语歌曲，可以安排在课前作为热身，可以穿插在课中调节休息，也可以作为复习安排在课后。如在学习有关天气的单元时，可以让儿童听唱歌曲 *How Is the Weather*，既能帮助儿童牢记句型“How is the weather? It’s sunny”，又活跃了课堂气氛，提高了儿童的学习热情。

（6）听一听＋排一排(listen and order)。先让儿童看到文本信息或实物，然后把听到的单词或句子按照先后顺序标上序号或排出正确的顺序。可以用在新授课之后从视觉和听觉两个角度巩固所学的新内容，加深印象，又实现了英语听力学习的趣味性。

(三) 传声筒游戏法

传声筒游戏法常用于新单词或简短句型之后的听说训练,形式多变。常见的形式是教师悄声传给(耳语)每组的第一名儿童每人一个不同的单词或短句子,比赛开始后,全组依次小声地把听到的内容传给本组的其他儿童,哪一组的最后一名儿童能首先把听到的内容大声准确地说出来,哪组就获胜。

此外这种游戏还可以变换成简单的说反话、爬楼梯、橡皮筋等多种形式。教师可以根据实际授课内容和儿童语言水平进行相应改编。

(四) 听故事法

听故事练习听力的形式比较灵活多样。可以让儿童听故事模仿人物说话的语气进行配音练习,按故事进展给图片排序,猜测故事发展,进行分角色表演等。

综上所述,提高儿童听力技能的方法很多,但最根本的途径在于多听并会听。多听,需要教师提供适合儿童实际英语水平的好的听力材料,并且保证足够量的训练;会听,需要教师教会儿童有效的方法,不断改进教学策略。要充分调动起儿童的热情,发挥儿童在学习中的主体作用,坚持课内课外相结合、训练娱乐相结合,长期坚持下去才能更好地提高儿童的英语听力水平。

六、教学案例分析

案例一

教学背景:本课教学内容是鲁教山科版四年级下 Unit 2 Lesson 2 “What are you doing?”,本单元主题是“housework”,学习内容为简单的家务活的英语表达,并熟练运用句型 “I can ...”“I am doing ...”和“He/She is doing ...”来对自己和其他家庭成员的家庭生活进行简单表述。第二课安排在儿童掌握了“watch TV”“clean the floor”等动词词组和句型“I can do ...”后进行。四年级的儿童从心理、智力、情感等方面都有了长足进步,对家庭生活和自己的责任感都有了充分的体验,同时随着英语学习的积累,也能够比较熟练自如地运用英语进行交际。

课堂片段实录:

(在新知呈现结束的操练部分,教师设计了听一听的环节。)

T: Now, listen to the dialogue carefully. I will stop it at any time, and then let’s guess what will happen.

(播放录音。)

“A: Tom!

B：Yes，mum？

A：What are you doing？

B：I am ...”

（录音缺失，出现短暂等待，让儿童猜测所缺失的内容。面对儿童的茫然，教师提醒了儿童关注接下来的重点信息。）

“A：Don't watch TV. It's time to go to school.”

（Mum 说了什么？为什么要说这句话？想一想你的生活中在什么情况下妈妈会说这句话。）

Ss：I am watching TV. I am watching football match on TV.

…

赏析：在这个听力训练片段里，教师把枯燥的听力跟猜一猜结合在一起，并将一个真实的生活场景融入到了授课内容中，让儿童带着疑问去听，抓住了儿童的注意力，让儿童表达自己的猜想，更是把听说结合在一起，完全符合训练形式多样的原则。

同时教师在让儿童表达自己的猜测之前并不是毫无头绪的猜测，而是引导儿童去关注下文语境，并成功地激活了儿童的生活体验，锻炼了儿童的推断预测能力。受到引导后，儿童的回答既锻炼了口语表达，又将英语学习延伸到了生活之中，成功完成了一次英语交际应用。

案例二

教学背景：本课是鲁教山科版三年级下 Unit 4 “Home”的复习课上的一个环节。介词 on，in，under，behind 是这个单元的部分学习内容，同时也是难点和重点。要让儿童区分这几个介词，必须通过大量的操练，达到单词的音、形、义的全面理解和掌握。

课堂片段实录：

（教师首先创设了一个语言应用场景：教师拿出一个玩具熊猫放在桌子上。）

T：Now，boys and girls，look at me. You see my panda is on the desk.

（接着把玩具放到桌洞里。）

T：Now where is my panda？Yes，it is in the desk.

（教师又把玩具放到了桌子下面和门的后面，带领儿童依次复习了“under”和“behind”。）

T：Well，please hold your pencil-box and follow my order：Put your pencil-box on your desk！

T：Put your pencil-box in your desk！

T：Put your pencil-box under your desk!

T：Put your pencil-box behind you.

T：Good，very good. Every one of you did a good job. Now，put your pencil-box on your desk. Listen to me carefully：Boys stand on your chairs. Girls sit on your chairs.

赏析：在这个听力训练中，教师虽然没有使用录音材料，但教师个人口头的听力输入表达清晰，简短有力，设计也很精彩。首先教师在发出指令前，先对几个介词进行了视觉上的展示，帮助儿童加深对介词的理解，同时又为接下来的听力训练降低了难度。而听＋做的形式吸引了儿童的注意力和兴趣，有效调动了儿童的多种感官，使儿童多层次地感知了单词的内涵，避免了单词音、形、义的分离。同时让儿童动起来的形式活跃了课堂气氛，为枯燥的复习课增加了趣味。而最后让儿童放下道具，自己坐、站的指令，更使得儿童的学习热情达到了高潮，再次亲身感受到了介词的不同内涵。

案例三

教学背景：本课教学内容是鲁教山科版三年级下 Unit 3 Lesson 3 “How Many Monkeys Can You See?”，因为三年级上册学习过句型“How many ...?”和动物的英语单词“elephant，bear，monkey，panda”等，英文数字 1～10 也学过，所以本节课的教学重点是用英语数数字 11～20。

课堂片段实录：

T：Today，let's talk about numbers. Do you remember the numbers? Can you say numbers from one to ten?

Ss：Yes. One，two，three，four，five，six，seven，eight，nine，ten.

T：Very great!

（教师在孩子们说出英语单词的同时配合地伸出一根手指，两根手指……让孩子从抽象的单词看到具体的数学意义，加深了旧知的复习体验。孩子回答完后用语言和手势给予肯定，鼓励了孩子的学习热情和积极参与。）

（接着教师在屏幕上呈现李明的图片和一副动物园的图片。）

T：Liming goes to the zoo on Sunday. Look，this is the picture of the zoo. There are many animals：monkeys，pandas，elephants ... Now，listen to me and clap your hands when you hear a number. Clap your hands，Ok?

S：Ok!

（教师在说完“monkeys”后学生就开始自动接上了其他的动物名称，很自然地对已学过的动物名称进行了复习，并为后面课文的学习扫清了障碍。）

（教师开始播放录音。）

"Hello，I'm Liming. I'm 8. I go to the zoo on Sunday. I get up at 7. In the zoo，I can see 10 monkeys on the tree. I can see 8 rabbits and 3 bears. I go back home at 4. I go to bed at 9."

T：What numbers have you got?

S1：8，7

S2：...

（教师在黑板上一一书写学生听到的数字。通过听录音让学生再次温习已学过的数字1～10，然后再出示新的动画，开始新知的学习，引导学生观察动画中还有哪些动物，各有多少。）

赏析：首先，"听"是语言交际的基础和开始，但在实际英语学习中，"听"是英语学习者的一个薄弱环节，而"听说在前，读写跟上"也是儿童英语教学的要求。在本课的教学中，学生按照顺序说出"One，two，three"并不难，但这并不表示他们已经掌握了数字的用法。在导入环节，教师巧妙地利用听录音来锻炼孩子对数字的掌握，是对简单的"说"这一导入形式的创新，更大的亮点是要求学生在听到数字的时候拍手做出回应，既满足了三年级孩子好动爱玩的心理，用游戏的方式复习深化了对数字的理解，同时又引导学生在听的过程中关注关键信息，有效地训练了学生的听力。动静结合的方式让本来枯燥的听力练习变成了新颖有趣、目的指向性很强的导入方式。从课堂学生们聚精会神、安静投入的表现可以判断出：他们已经被这个导入吸引，他们喜欢这个导入活动。

其次，教师在录音材料的选择上也煞费苦心。图片的选择已经成功地创设出了本堂课的情景——动物园。并且在图片介绍中很自然地复习了已经学过的动物单词，这也是接下来的新知中所出现的单词，而且听力材料里出现的"get up""go back home"等日常生活词组是学生已掌握的旧知，把这些词组跟数字搭配起来，也是为新知的巩固练习做了铺垫，启发拓展了学生对语言的实际应用。

再次，教师对听＋做的设计有很强的适用性。形式可根据教学内容做出多样的改变，如听到动物名称拍手，听到日常活动拍手等。动作也可以经常变换，如变拍手为下蹲、耸肩等简单易操作的行为都可以，避免形式单一、学生厌倦。

综上所述，这堂课是一个形式新颖、实效性和目的性都成功达成的优秀案例，非常值得参考与借鉴。

第四章　快乐地读，轻松地演

“读”作为英语学习的四大基本技能之一，在儿童英语素养中占据重要的一席。如何能让儿童喜欢并爱上英语阅读，需要教师在教学过程中坚持长期有效的阅读策略和阅读习惯的指导。以英语绘本为代表的英语故事阅读是培养儿童阅读兴趣和阅读习惯最好的载体，同时把英语故事搬上舞台，以舞台剧形式让孩子表演出来则是提升儿童阅读后的成就感、内化儿童的语言习得、展示儿童英语素养的一个非常有效有趣的方法。

第一节　快乐的英语绘本阅读

一、绘本的定义和发展史

绘本(picture book)，又称图画故事书，是指通过文字与图画的相辅相成、交织互动来说故事的图画故事书。英语绘本就是用英语来讲故事的图画故事书。跟所有绘本一样，英语绘本是表达特定情感和主题的读本，同时也是通过图画和英语文字这两种媒介不同程度上的交织互动来讲故事的一门艺术，是一种融合视觉与英语语言艺术的阅读活动。

绘本这一术语，来自日本。但最早的儿童图画书起源于17世纪欧洲夸美纽斯的《世界图解》。20世纪初英国儿童图画文学的代表作品《兔子彼得的故事》和《爱丽丝梦游仙境》被普遍认为是现代图画书的始祖，标志着图画书发展的新纪元。20世纪30年代图画文学在美国得到快速发展，成为英美等国家庭亲子阅读的选择。20世纪50年代绘本在日本起步，日本也成为亚洲的绘本大国。20世纪60年代我国台湾最先将绘本应用于课堂教学。到了90年代，绘本的使用和研究在大陆引起重视，2007年被应用于小学语文教学。2008年，得益于南京考棚小学"英语绘本在小学各年段英语教学中的实践研究"课题的确立和开展，英语绘本得到外语界学者和教师的关注。英语绘本在我国儿童英语教学中的探索才刚起步，还没有形成系统的、完善的教学方案，但英语绘本阅读教学这个领域非常值得研究。

二、英语绘本的特点

英语绘本除了具有图画的连贯叙事性、图画文字的完美结合、内容的直观趣味性和主题深刻富含哲理性等普通绘本的共性外，还具有以下特点：

（一）装帧精美

英语绘本中的图画多由世界知名插画家完成，手法多样细腻，绘画从构图到色彩，各方面都令人赏心悦目，可直接用于课堂教学。

（二）内容经典，内涵丰富

英语绘本用儿童的语言和眼睛，通过故事情节和意境引导儿童对周围的环境和外部的世界做更深入的认知和探索，其故事内容跨越了时代和地域，传达的主旨经典丰富，从亲情、友情到死亡，无所不有。

（三）语境真实，词汇丰富

英语绘本故事的创作贴近儿童的生活，为儿童英语学习创设了真实生活情景。所用词汇简短常见，有利于儿童在生活中实际应用。每一个英语绘本故事都是一个完整的英语语言应用实例，让儿童在阅读中感受和积累英语学习经验。

（四）句型反复，语言押韵

遵循儿童认知规律，英语绘本所呈现的句型简短，且基本句型在故事中反复出现，自成韵文，朗朗上口。儿童在感悟故事的同时，就能轻松掌握词汇和句型，完成语言的学习和提升。

三、绘本阅读教学的特点

（一）优质的教学资源

儿童英语绘本教学应选择优质经典的教学资源，具体表现在：

首先，符合儿童特定年龄段的认知特点、实际语言理解能力与欣赏能力的绘本才能激起孩子阅读的强烈兴趣，有助于儿童自主阅读能力的培养和图画欣赏水平的提高，并能起到传承文化、启迪智慧、积极向上的教育作用。例如，对于低年级的儿童，针对其注意力时间较短、活泼好动且英语词汇量少的特点，应选择图文生动、色彩搭配鲜亮、句式简短朗朗上口的绘本资源。而对于心智发育较成熟、学习主动性和自觉性都更好的高年级孩子，则可以选择难度较大、有正能量传播意义的绘本资源。

其次，尽可能选择和教材内容相关的绘本资源，如有关联的人物图片，主要单词的图片等。孩子更容易接受，又契合教材教学。

（二）分层设定阅读目标

不同年龄段的孩子各有其独特的年龄特点，因此绘本阅读的目标不能根据一个标准来制定，应视授课儿童的年龄具体分层而定。低龄阶段的儿童，绘本阅读应以培养孩子英语学习兴趣、提高语感为目标；中龄阶段儿童的教学目标主要以培养阅读兴趣和阅读习惯为主；增强英语学习体验，培养跨文化意识则是高龄阶段儿童英语绘本阅读的主要目标。

（三）有效的阅读指导策略

“一开始，教师得先为孩子读故事，慢慢地用比较戏剧化的方式，来呈现整个作品”，这是美国教育心理学家杰洛姆·布鲁纳对阅读指导的阐述。因而在绘本教学中，教师导读，即有效阅读策略的教授，必不可缺。有效导读策略的实施要求教师应感情饱满，语言简单易懂，语气亲切符合场景要求，肢体语言形象丰富，具有示范性。其次应充分考虑儿童已有知识存储，巧妙构建新旧知识的交接和过渡，通过设置悬念、对比猜想等多样有趣的形式，引导儿童在轻松有趣的氛围中感知、发现、收获，同时感受到英文阅读的愉悦与美好。

（四）独立个性的学习风采的认可与展现

英语绘本中优美的图画、简单易懂的故事情节、押韵反复的语言、丰富的寓意都能吸引孩子主动自发地愉快阅读，但儿童个体的成长、认知差异等诸多因素决定了每个儿童都有独立个性的学习感受和收获，即阅读的个性化。教师应尊重、认可每个儿童的学习风采，在教学中给予儿童独立阅读和思考的时间和机会。通过采取读前导入创设情景、以问题为任务诱因展开阅读、小组阅读合作交流等方式，让儿童在自己阅读自我感悟的过程中展现自己独立个性的学习风采。

（五）形式多样的学习收获的交流与展示

学习是一个双向的过程：输入与输出。绘本教学也不例外。有效的英语绘本阅读，应鼓励儿童尽情通过形式多样的展示来交流彼此的阅读收获，如角色扮演、续写故事等形式，课下组织创办阅读小报、阅读故事比赛等活动，以此展现儿童日益增长的阅读张力，释放和激发儿童的绘本阅读热情和成就感。

四、绘本教学的常用教学方法

绘本教学设计总体来说分为三个阶段：

阅读前（pre-reading）导读热身，创设整体语境，搭建已知与未知间的桥梁连接，激发儿童学习兴趣。

阅读中（while-reading）理解与内化，通过设计不同的学习任务引导儿童关注图画与文字信息，按照内容和情感双主线的发展对绘本内容进行多层次的阅读与体味。

阅读后（after-reading）内容复现，情感升华。依据儿童的语言水平、年龄特点、教学条件等实际情况，设计逐层递进的任务和活动，促进儿童完成多形式层进式的语用输出，培养儿童综合运用语言的能力。

随着儿童英语绘本教学的日益发展，教学方法逐渐多样化，常见教学方法有：

（一）图片环游法

图片环游法（picture tour）的本质是教师通过将绘本故事生活化，利用问题、图片引导儿童逐步发现问题、分析问题最终解决问题，实现师生合作探究故事意义的过程。如图 4.1 所示，具体教学环节如下：

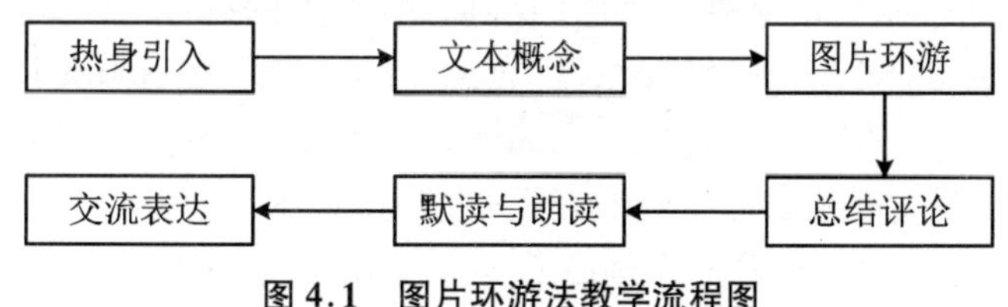

图 4.1 图片环游法教学流程图

（1）热身引入：利用跟绘本内容有关的音频、图片、视频等媒介，通过提问、猜谜及其他小游戏的形式引出文本主题，激起儿童对绘本阅读的好奇和兴趣。

（2）整体导读：教师在教授绘本故事前应该先引导儿童阅读绘本封面内容，如识别标题、作者、插图作者等，以此培养儿童的文本概念意识，增强儿童对绘本主题和内容的整体感知。

（3）图片环游：教师引导儿童观察图片信息，包括封面或故事中的关键插图，从而唤起儿童头脑中已有的相关信息，并进行两者的对比分析和预测，进而提出问题引起儿童阅读兴趣。启发儿童带着问题展开阅读，在阅读中尝试自己分析问题、找到答案。图片环游的过程有助于提高儿童对英语语言知识的学习，体验感受完整的阅读过程，同时培养儿童学习运用阅读策略，达到提升儿童预测想象能力和批判性思维能力的目的。

（4）总结评论：教师首先通过流程图等支架的构建，辅助儿童对绘本故事内容进行总结以加深理解，实现语言的内化。其次通过组织儿童讨论自己最喜欢的角色、图片、情节等活动，引导儿童对故事内容形成自己的独特理解和判断。

（5）再次阅读：通过再次创设问题启发引导儿童进行再次的默读和朗读，让儿童感受完整、充足、丰富的阅读体验，提升阅读流畅度。在默读和朗读环节后引导儿童对故事中的目标词汇和句型进行分析和记忆，提高儿童语言素质。

（6）交流表达：通过创设不同的活动，鼓励儿童运用写、演、画等形式，对故事进行创造性再加工，促进语言运用的迁移与创新，如表达自己的读后感，对故事人物进行评价，续写故事结尾，或自己创作绘本故事等。

（二）故事地图法

故事地图法（story map），指教师利用巧妙的问题引导儿童观察图片或阅读关键内容，帮助、引导儿童感知和发现具体故事的构成要素，并通过板书示范建构故事图式的方法。在师生合作绘制与绘本故事内容相应的视觉图式的过程中，逐步引导、教会儿童在阅读中如何去发现和梳理故事的结构和大意，让儿童学会阅读故事、理解故事和创编故事，培养儿童阅读策略和自主阅读的能力。相关研究学者认为，故事地图可用于阅读全程：读前用来激活儿童已有知识、激发讨论、导入故事；读中用来帮助儿童获取重要信息、理解故事；读后用来讨论和回味故事。

故事地图的绘制形式视故事具体内容而定，常见的有：① 故事发展顺序或构成要素图：开始、发展、高潮、结局。② 大意—细节顺序图（main idea-sequential detail map）。③ 角色对比图（character comparison map）。④ 因果关系图（cause-effect relation map）。⑤ 其他形式的故事地图。

以角色对比图为例，构建故事地图需要以下几步：① 按角色出现的先后顺序、角色的所作所为或角色各自的特点进行总结排列；② 把主角放置于故事地图中心；③ 围绕主角画线连接各角色和各个事件；④ 围绕主角和各角色添加次要事件和主题。

故事地图适合各年龄段的儿童和各类读物。优点是可以通过问题迅速将儿童的注意力集中到特定的故事发展线索或要素上，帮助儿童按照线索识别故事要点，快速理解故事大意，形成故事整体认知，让儿童感受到阅读自信，从而激发儿童的阅读兴趣和学习热情。同时故事地图的教学过程也为儿童的自我创作提供了借鉴的模板和支架，有利于提高儿童的创新意识和能力。对于低龄儿童，教师可以通过提问引导，师生一起绘制图示。而对于高龄段儿童，教师则可以逐步启发儿童根据自己的喜好和习惯绘制自己的特色故事地图。

（三）拼图阅读法

拼图阅读法（jigsaw reading）是一种以文本阅读为基础的小组合作学习阅读模式。拼图阅读通常有以下两种组织形式：

第一种是小组独立负责制。具体方法是：教师首先把班内儿童平均分成若干小组，将绘本故事内容也分成若干部分，按照指定或儿童自选的原则由组内每个成员负责阅读故事的不同部分。然后组内成员一起按故事的逻辑顺序把这个故事拼接完整，在组内或全班进行合作共享的展示。

第二种是小组重组负责制。教师首先依据故事文本的段落或部分组成把全班儿童分成若干小组，称之为基础组，必须保证每组人数相等，并对每个基础组内成员按顺序编号。然后每个基础组分担故事或短文不同部分的文本，但组内成员都负责同样的文本内容。当基础组内每个成员都完成阅读并进行简短的交流后，教师再进行二次分组：把班内编号相同的儿童组成新的小组——专家组，如所有编号为一的儿童成为专家一组，专家组内每个成员把自己读到的故事内容分享给其他组员，并在小组内完成对整个文本故事的拼接，确保逻辑和意义连贯、完整。最后儿童再次回到各自最初的基础组，在基础组内完成对故事的完整的阅读和交流。小组重组负责制的教学流程可总结如下：建立基础组进行任务分工—拆分基础组，组建专家组进行课题研修—解散专家组，返回基础组进行组内互助—教师反馈和成绩评定。

一般来说，拼图阅读教学比较适合篇幅较长的绘本教学。它充分体现了以儿童为中心的教学理念，实现了儿童自主合作的学习和探究方式，节省了教学时间。同时组内、组间的合作学习，可以缓解儿童的学习焦虑，增加互助交流，更好地完成整体阅读任务。

（四）阅读圈阅读法

阅读圈（reading circle）是一种源于16世纪，但在21世纪才应用于外语教学的教学方式。它是指以儿童为中心，通过组内成员轮流扮演不同角色，经过互相讨论交流，一起完成阅读任务的小组合作学习活动。在进行阅读圈教学时，教师根据绘本故事内容将儿童分组，每组4～6人，每个人选择或由教师指定角色进行分工阅读，角色分工如表4.1所示。

表 4.1　阅读圈教学中常见角色及具体分工表

角色名	任务分工
讨论领队(discussion director)	阅读后针对故事内容,负责设计、提出思考性的问题,组织成员发表不同的意见进行讨论
图表分析员(illustrator)	阅读故事后,通过将重要的故事信息(如人物、地点和主要情节)绘制成图片或图表,帮助组员梳理故事结构和脉络
联系员(connector)	将故事中的有关内容、文化知识与自己及现实生活相联系,发表自己的感想和体验,开展读者与文本间的对话
总结员(summarizer)	负责对绘本故事进行概括与总结,分享给组员,加深全组对故事的理解
词汇专家(vocabulary enricher)	负责找出并解释故事中的重点词汇,进行词汇的造句演示
分析员(analyst)	负责分析、评论故事主题和其中的各个人物

根据上表的分工,可以看出对于低龄儿童,阅读圈教学的实施难度较大。因而该方法常用于具备一定英语水平和阅读能力的儿童。当然阅读圈的角色可以根据文本内容和儿童实际情况进行调整。但每一个成员的角色不是固定不变的,都要轮流扮演不同的角色,这就要求每个成员都要反复阅读绘本故事,根据不同的分工重新整理才能进行再次的交流与讨论。阅读圈教学既能提高儿童自主合作学习的能力,促进他们对故事的理解,又能让儿童在完成不同的角色分工时培养英语听、说、读、写的技能,以及创新思维等多种能力。在开展阅读圈教学时,教师应注意以下几点:

(1) 充分理解绘本故事内容,做好角色设计和任务要求,包括必要的调整和改动,以更好地贴合实际教学内容。

(2) 第一次采用该教学方法时,必须用清晰、简洁的指示语,或通过示范、举例的方式向儿童交代清楚每一项具体任务,保证每个儿童在活动中清楚明白自己应该做什么,怎么做,以便儿童完成好自己在小组中的角色分工。这是阅读圈教学的关键和保障。

(3) 从儿童的个体特点和学习风格以及多元智能出发,设计适合儿童的角色,确保每个儿童的学习积极性不受挫,让每个儿童都能在活动中得到锻炼和提高。

(4) 制定明确、切实可行的活动规则,让儿童在小组合作中有章可循,确保活动能顺利进行。

五、英语绘本阅读教学的组织原则

(一) 英语最大化原则

在英语绘本阅读教学中,要求教师尽量使用英语,对于词汇量不够的儿童,辅之以肢体语言、动作或简笔画、实物等。但并非不能使用母语，对于极其抽象超出孩子认知范围的内容，可以适当使用母语，帮助故事的表达与理解。对孩子的语言表述，引导孩子尽量使用英语，对于孩子的中英夹杂甚至母语回答，不要打压批评，以鼓励引导为主。

（二）重现性和大剂量感知积累原则

英语绘本教学的最终目标是培养儿童的阅读能力，即对纯文本的阅读能力。因此，英语绘本教学过程中，在带领儿童进行图文整体阅读、了解故事情节后，教师应组织儿童重读、重现并应用英语文本，为今后纯文本的语言阅读积累经验。文本的重现与应用并非机械简单的朗读和背诵，应为儿童创设一定的情景。置身于一定的情境中可以更好地激发儿童的学习热情、培养英语语感，提高儿童的英语应用能力。

阅读是好奇心和求知欲强烈的儿童了解外部世界、认识生活、适应环境的随时随地都可以进行的一种学习活动，也是天性使然。面对浩瀚的英语绘本阅读材料，教师可以选择跟课本内容相关的绘本故事，也可以选择跟儿童当前学习的英语主题无关的材料。阅读方式可以精读，也可以泛读，甚至某些时候囫囵吞枣也未尝不可。通过大量阅读让儿童感受阅读乐趣、培养阅读习惯、感知阅读体验、感受文化熏陶、积累阅读经验，提高英语应用能力。

（三）体现情感性和人文性原则

随着时代的发展，英语教育的重点不再是单纯的工具性，而成为工具性（做事）和人文性（做人）的统一。所以英语绘本故事教学内在目标的重点是关注儿童的内心世界，培养儿童用母语以外的认知方法进行思考。

经典英语绘本积极向上、传播正能量的内容是丰富儿童情感体验、提升儿童对外部世界感悟的优质媒介。英语绘本教学中要时刻注意对儿童进行情感教育，培养儿童正确的生活态度、积极的情绪和健康的情感，提高其人际交往能力和整体素养。

英语绘本教学中的人文性原则具体体现在：教师应该从儿童的认知能力出发创设课堂活动，培养儿童思维能力、批判性能力和创新能力；引导儿童关注故事中的文化差异，彰显英语文化特色，促进儿童跨文化交际的意识，同时通过中西方文化的对比，加深儿童对中华传统文化的认识，提升跨文化交际的能力；绘本学习中教师还应抓住恰当时机向儿童渗透情感教育，深入儿童内心，培养儿童正确的人生观和价值观。

（四）体现儿童主体原则

在英语学习中，儿童是学习的主体。绘本阅读材料是他们学习英语知识、提高英语交际能力的重要载体。英语绘本故事教学中应坚持以儿童为主体,给予儿童充分的自我学习和思考的时间和空间,以及表达自己观点的机会。同时要尊重儿童及其不同观点,鼓励儿童继续阅读学习,获取成功的快感。

(五)趣味性和互动性

兴趣是最好的老师,让儿童对英语阅读感兴趣的首要条件就是趣味性。英语绘本教学中,教师首先要做到从儿童的视角运用抑扬顿挫的语调、生动的语言和夸张的肢体动作来吸引和帮助儿童提高对绘本故事阅读的兴趣。此外,直观形象、活泼多样的教学手段也必不可少,如游戏、动画、舞台表演、简笔画等。

每一个英语绘本故事都是一个完整的语言应用实例。教学中教师应充分利用绘本提供的真实生活情景和丰富的词汇积极开展师生互动、生生互动,通过角色表演、故事创编、续编结局等形式让儿童进行反复的语言输出练习,积累和丰富儿童语言使用体验,提高儿童英语学习兴趣和语言综合运用能力。

(六)整体性

绘本教学首先要体现语言的人文性,图文的整体性不可或缺。英语绘本中的图画包含大量的故事信息,甚至超过文字所传达的内容,可以很好地辅助儿童理解故事。教学中应引导儿童在图片的帮助下阅读文本、发挥想象力,去理解和感悟故事中的情感和意境。割裂图画与文字,会造成儿童阅读难度的增大,限制儿童想象力的发挥,进而影响儿童阅读兴趣的发展。其次,不同于传统英语教学,英语绘本教学以培养和提升儿童的英语阅读兴趣和能力为主要目标,每个绘本故事都给儿童创设了英语学习的完整学习经验。因此让儿童感受英语语言的完整学习经验、体验原汁原味的英语阅读才是教学的首要目标,词句等具体语言知识的教授不应操之过急。

六、绘本教学的注意事项

(一)注意教师角色的转变

绘本故事阅读教学的最终目的是激发儿童的阅读兴趣,培养儿童的阅读习惯。儿童阶段的学生自主学习能力和自我管理能力普遍较弱,所以教师的角色应从教学的主导者转换为组织者、观察者、反馈者和提示者。教师在英语绘本故事阅读的教学中不仅要设计好各教学环节,还要负责好课堂教学管理,组织好儿童的合作学习等。在儿童的自我学习过程中耐心观察,以和儿童平等的身份提供及时适当的帮助;对儿童的学习收获和展示给予及时、积极的有效反馈,减少儿童的心理焦虑,提高儿童的学习热情,并通过课堂反馈帮助儿童获取正确的阅读策略,养成良好的阅读习惯。当儿童只关注故事内容而忽略语言知识的学习时,教师应对重点单词、句型及文章结构等给予必要的提示，帮助儿童理解和掌握重要语言知识点。

（二）注意儿童对故事的整体性感知

每个英语绘本故事都是一个独立的语言应用实例，每次教学都是一次完整的阅读体验。所以教学中要保证儿童的完整阅读体验，把声音、文字和图画整体展现给儿童，进行视觉、听觉等的多方位输入。同时教师应采用多种方式，如实物、语气、表情、动作、图片等来帮助儿童扫除语言障碍，而不要让语言知识点的学习割裂了儿童对故事的整体体验。

（三）注意预测策略的科学使用

阅读中的预测是一项重要的阅读技能和学习策略，预测能力的提高是培养儿童阅读能力的一个重要方面。教师在绘本故事阅读教学中要注意合理科学地使用预测策略来引导帮助培养完成故事的阅读体验。读前利用故事题目和关键单词及词组启发儿童进行故事内容的预测，读故事的过程中，利用故事情节的关键点和关键词句进行有效的提问，引导孩子预测故事的发展，从而培养儿童捕捉预测线索的意识和能力。

（四）注意保护孩子英语学习的参与度和学习热情

英语学习积极参与度和学习热情的高涨有利于提升儿童在整个绘本故事阅读中的学习收获和阅读体验，尤其对于低龄段儿童更是如此。教师应尊重儿童的认知差异，耐心倾听他们的回答，艺术地给出评价与反馈，巧妙地应对儿童的踊跃参与，避免打消儿童的学习积极性和热忱，造成情绪低落、学习效果低下。

（五）注意教学中先后顺序的安排

鉴于绘本故事的特点，教学中有些教学环节的设置不可颠倒。

(1) 看图在前，引导在后。整体读图在先，充分利用优质、直观、形象的绘本画面，在进入文本前先引导儿童认真读图，激发学习兴趣，让儿童充分发挥想象，形成对故事的猜测，避免文字对儿童想象力的限制以及生词对故事理解造成的阻碍。

(2) 引导在前，讲授在后。当讲授遇到重点和难点时，教师不应直接说出答案，先引导儿童认真读图，将图文信息联系起来，通过合作学习、小组讨论等方式尝试解决问题，然后再做适当的讲授。

(3) 叙述在前，思考在后。引导儿童通过发挥想象力来反思、升华其对绘本内容的理解是绘本教学常见的一种形式。但一定要先帮助儿童对图画内容有基本认识后，即通过叙述给儿童指出正确的想象方向后，再引导启发儿童展开猜测和想象，这样才能事半功倍。

(4) 体验在前，兼顾词句。鉴于绘本教学的整体性和教学目的的先后主次，教学中应首先保证儿童对绘本故事的完整阅读和理解，在感悟故事寓意之余，再对故事中的重点词句进行学习和巩固，而不可将过多的时间和精力放在单个的单词教学上，破坏整个绘本故事的教学节奏，打乱儿童的阅读体验。

英语绘本故事教学从2008年受到外语教学界的关注到现在近十年的时间里，因其语言简单、画面精美、意义深刻，受到了越来越多的儿童英语研究者的青睐，也有越来越多的优秀教学案例涌现出来。希望能有更多优秀的儿童英语教师将其进一步提升与完善，使英语绘本成为广大儿童英语学习的宝贵资源，为儿童英语素养的提升搭建更好的阶梯。

七、教学案例分析

案例一

授课内容：Brown Bear，Brown Bear，What Do You See?

授课对象：四年级。

授课时间：35分钟。

教学背景：这堂课教师选择的是由儿童作家小比尔·马丁创作，著名儿童插画大师Eric Carle合作的绘本*Brown Bear，Brown Bear，What Do You See*?绘本以动物为主题，配以精美图画，用鲜明不拘于现实的色彩鼓励孩子发挥自己的想象力；用富含韵律、简短重复且朗朗上口的语言培养孩子的语感和乐感。绘本中涉及句型“______，______，what do you see? I see ______ looking at me”和单词“frog，sheep，horse，goldfish”等。通过一个简单的故事教育孩子们：热爱动物，保护动物，动物是人类的朋友。本堂课的授课对象是四年级的儿童，年龄在9～10岁。他们已经进行了至少一年的英语学习，具备了一定的英语学习基础，掌握了较多的常用单词，如颜色、动物、情绪等，并且可以读懂简短句型，能较为准确地用英语表达自己的想法以及对事物的看法。同时，随着自我性格与学习策略的逐渐形成，相对于表象热闹的教学活动，他们更青睐那些具有时效性、思维性和挑战性，能够启发思维、带给他们共鸣和愉悦情感的教学活动。因此，内在动机开始成为孩子的学习动力，但是外在激励仍然是孩子学习的重要动力。而且这个年龄段的孩子逻辑和抽象思维能力有了进一步发展，可以胜任更加复杂的学习任务。

教学过程：

Step one：Pre-reading

(1) Free talk.

T：Today，we'll talk about animals. Now listen to me carefully and answer my questions：What animals do you like?

学生争相模仿动物发声。

T：Can you imitate an animal? Good，I see a cat，a dog ...

教师用夸张的表情和肢体语言辅助儿童理解发言儿童的回答。既复习了已学习的英语单词和句型“lion，monkey，dog，cat ...，I see a ______”，又暗示了本堂课的主题。

（2）Let’s chant.

教师通过带领儿童一起做手指动物韵律操，调动了儿童的学习热情，活跃了课堂气氛，同时又再次加深了儿童对单词和动物形象的理解与记忆，为后面的语言运用奠定基础。

Step Two：While-reading

（1）Present the book，and ask students to answer “I see a ...”

用图片导出本课学习内容，并把故事标题图片粘贴到黑板上。让儿童在关注图片的同时，将文字与图片联系到一起。

（2）Read the front cover of the book：the title，the writer and illustrator.

引导儿童学会读绘本封面上的书名、作者等，养成良好的阅读习惯。

（3）Listen to the story and appreciate the pictures together，and find out：Brown Bear，Brown Bear，What Do You See? I see a ...

带着问题边看图片边听故事，整体感知故事，获取故事主要内容，培养儿童听的能力。

（4）Study the story in details.

精读故事，学习语言，体验情感。

① Present the first picture of the story，help the students to understand “looking at” with vivid body language and make a language structure：

“Brown Bear，Brown Bear，What Do You See? — I see a red bird looking at me.”

精读第一页，学习新词，呈现目标语言的句型结构。

② Encourage the students to imagine and guess the dialogue between the red bird and the brown bear. And introduce the next picture of “I see a yellow duck looking at me” in the same way. Then ask students to fill in “______，______，What do you see? I see a ______ looking at me.”

发挥儿童想象力，体验故事情景。鼓励引导儿童自己发现语言规律，完成目标语言的深度学习和应用，引导儿童发掘故事发展的特点，获取学习的乐趣和成就感。

③ Group-work：Read the story again and complete the sentences “______，______. What do you see? I see a ______ looking at me.” And act the animals you see：a blue horse，a black sheep，a green frog，a purple cat，a goldfish.

引导儿童学会在阅读中搜寻、处理和传递信息。巩固目标语言的学习，使儿童获得自我学习的体验和感受。

④ Role-play. Ask all the students to read and act the story together with e-motion.

通过角色扮演，内化故事，带领儿童再次整体感受故事的情景、图画的美丽和语言的韵律美。

⑤ Use the sentence to talk about the pictures of panda, baby, grandpa and so on. ______, ______. What do you see? I see a ______ looking at me.

创设语境，拓展文本，提供句型和图片帮助儿童联系生活实际运用目标语言，鼓励儿童进行故事的仿写和再创作。

⑥ Share the feelings of the story: I like the book, because I like animals.

阅读情感的分享，提升阅读的乐趣。

Step three: after-reading

(1) Read the book again to finish the reading card with your group.

Reading Card
Name of the book
The writer
What animals do you see in the book?
What color are they?
Notes (new words and sentences)
What's your feeling after reading?

(2) Homework: Draw and design your own picture book and tell the story to your family and friends after watching the video" Dorothy, Dorothy, what do you see?".

(本案例改编自河南省郑州市区域班班通录播课程资源库优秀教学视频)

赏析：英语绘本阅读教学的最终目的是培养儿童的阅读兴趣，因此一堂英语阅读课成功的首要条件就是能引起儿童的兴趣。同时阅读兴趣又直接影响阅读动机和阅读能力，所以英语绘本的选择就显得尤其关键。

首先，从英语绘本的选择来说，本堂课教师选择的教学内容是经典英语绘本 *Brown Bear, Brown Bear, What Do You See?* 绘本以动物为主题，配以精美的图画，用鲜明不拘于现实的色彩呈现了多种可爱有趣的动物，鼓励儿童发挥自己的想象力；用富含韵律、简短重复且朗朗上口的语言培养儿童的语感和乐感。动物是儿童非常熟悉并且感兴趣的话题，儿童生活中能看得到、摸得着，非常形象具体。

其次，从教学目标的设定与完成来看，本堂课教学目标的设定层次分明。在每一个教学环节，教师都设置了不同的教学目标，从语言的感知、目标语言的建构，直到创设情境再次使用目标语言，层层深入，依次推进实现语言目标。而技能目标主要是提高儿童的阅读能力，用多种形式的“读”来促进语言知识的学习和运用。阅读习惯的培养目标也穿插整个教学：读封面，搜寻、处理和传递信息，分享阅读收获和体验，制作阅读卡片，创编动物绘本等，帮助儿童一步步建立起好的阅读习惯。

再次，从阅读情感体验来看，动物是本堂课的情感主线。教师通过阅读前出示可爱有趣、憨态可掬的动物图片和带领做动物手指韵律操，阅读时对图片内容进行描述和想象、用新句型描述课外图片，以及阅读后创编绘本等多种形式让儿童体验对动物的喜爱友好之情，让儿童与绘本作者对动物的喜爱产生共鸣。有了真实的情感，儿童的语言表达就丰富起来，变得有热情、有意义。

同时，儿童的个体阅读情感体验在本课中也得到了重视。教师通过阅读后的角色扮演给了儿童展现阅读收获的机会，对本书看法的讨论又给儿童提供了一个分享阅读感受的平台。儿童通过角色扮演和讨论来获得积极的阅读情感体验，积极愉悦的阅读才是有意义的阅读。从阅读策略的培养教学来看，本堂课也达到了预期目标，教师引导儿童读封面、了解书的概况、预测故事的大致内容，通过图画想象故事发展等环节，向儿童呈现了多种阅读策略。

本课中，教师从书中前两段的学习提炼出文本的主要句型结构后，就放手让儿童通过文本的阅读补全句子，这是一个引导儿童去搜寻信息、传递信息并处理信息的过程，是阅读自身包含的技能目标的实现过程。教师提炼语言句式结构的行为就是给儿童展示了一种阅读策略。同时这个环节又是一个小组合作学习的过程，是儿童学习成果的交流和合作学习策略的体验。

另外，阅读后阅读卡的设计起到了画龙点睛的效果。阅读卡内容的设计系统帮助儿童梳理了本次阅读的收获，从书的封面、新单词、新句型到读书体验等。既能帮助儿童复习语言知识，体现了英语阅读课的工具性，又能展示儿童不同的个性化阅读体验，同时也是良好阅读习惯和策略培养的有效手段，值得推广。

案例二

授课内容：Cats and Dogs.

授课对象：四年级。

授课时间：35 分钟。

教学背景：这堂课教师选择的是儿童故事 *Cat sand Dogs*（英语绘本故事属于英语故事的一类，英语故事教学与绘本教学的阶段划分及教学环节的设计都大同小异）。故事情节简单但层次感丰富，语言简短朗朗上口。作者向孩子们讲述了猫和狗从朋友变成敌人的故事，通过故事教育孩子：朋友应该一起奋斗一起分享。朋友和友谊是孩子生活中不可或缺的东西，因而教育意义深刻。故事中涉及句型“The man got a ...”“Please get my ... back”和单词“bed, chair magic wand, hungry”等。

本堂课的授课对象是四年级的儿童，年龄在 9～10 岁。他们已经进行了至少一年的英语学习，具备了一定的英语学习基础，掌握了较多的常用单词，如颜色、动物、情绪等，并且可以读懂简短句型，能较为准确地用英语表达自己的想法以及对事物的看法。同时，随着自我性格与学习策略的逐渐形成，相对于表象热闹的教学活动，他们更青睐那些具有时效性、思维性和挑战性，能够启发思维、带给他们共鸣和愉悦情感的教学活动。因此，内在动机开始成为孩子的学习动力，但是外在激励仍然是孩子学习的重要动力。而且这个年龄段的孩子逻辑和抽象思维能力有了进一步发展，可以胜任更加复杂的学习任务。

教学过程：

Step one：Pre-reading

(1) Free talk.

T：Today, we'll talk about animals. What animals do you like? Why?

教师用夸张的表情和肢体语言辅助儿童理解发言儿童的回答，既复习了已学习的英语单词 lion，monkey，dog，cat 和句型，又暗示了本堂课的主题。这一环节的亮点是教师面对热情高涨参与度极高的儿童，不仅仅是只挑选个别儿童来回答，而是让喜欢同一种动物的儿童都迅速起立坐下。貌似很简单的一个指令，却保护了儿童的学习积极性和热情，调动了儿童这节课的良好学习情绪。

(2) Show a picture of the movie *Cats and Dogs*, and ask the children "Do the cats like the dogs?" and "Are they friends? Why?"Today, we'll learn a story about it.

四年级的儿童观察能力和理解能力都较好，能够从图片入手发现问题，这一环节设置悬疑，可以吸引孩子继续学习。

Step Two：while-reading

(1) Lead-in.

Present the key words and information of the story with the puppets of an old man and a thief. 引入故事，T：In this story there are an old man, a thief ... 教授"thief"的含义，并用肢体语言帮助孩子理解，通过模仿动画片，念动咒语"magic，magic，a boy becomes a girl"来辅助儿童理解什么是"magic wand"，以及其在故事中的重要性。通过简笔画形象生动地展示房屋，提问学生——Then ask students to guess where they should be, and select students to stick the puppets at the proper place on the blackboard. 读故事前先通过关键信息的展示让儿童初步预测故事内容，同时创设整体语境，搭建已知与未知间的桥梁连接，激发儿童学习兴趣。

(2) Guess the story.

Hand out three key pictures to each group and ask students to rearrange them in order. Then to play the cartoon of the pictures and tell the main idea of the story.

通过对故事关键图片的重新排序活动，让儿童初步感受故事梗概。然后通过动画、图片和声音让儿童整体感受故事，并发挥了儿童小组合作学习的能力。

(3) Study the story in details.

① Play the cartoon of this part and ask students to play the role of the cat, the dog and the thief.

教师针对重点单词“wand, scarf, thief”，再次利用实物教学。

② Ask students to vividly imitate the old man saying: “please get my wand back”.

通过要求儿童用符合情景的动作、音调来模仿句子，完成重点句型的教授，并让儿童切身感受故事人物的内心。对儿童的模仿给予及时的击掌，鼓励儿童的学习热情和积极性。

③ Before presenting the cartoon, ask the students to guess how the cat and the dog go back home after they get the wand back.

预测策略的再次科学利用，通过故事情节的关键处预测故事发展，并启发儿童去思考 wand 的线索作用。

Play the cartoon of this part, and ask students to read the key sentence “go away” in the thief's tone and anger.

通过儿童对重点句型的模仿和个人展示，儿童个体的阅读收获得到了展示和尊重，主体地位得到了体现，并再次体验了故事角色的感情色彩。

Step three: after-reading

(1) Ask students to reorder the pictures in “guessing the story”.

故事读完后通过对图片的重新排序，再次让儿童梳理并内化故事内容，同时检测儿童的故事学习。

(2) Fill in the blanks with the pictures. “The old man got a ______. The cat got a ______. The dog got a ______. The thief got a ______.”

这一活动既让儿童再次复习了故事内容，同时又对重点句型做了巩固练习。

(3) Play the cartoon again and ask students to finish the story burger: beginning-middle-ending.

图文声并茂让儿童从头到尾整体感受故事，期间教师不参与、不打断儿童的整体欣赏和体验。而 story burger 的绘制引导着儿童对故事的结构做进一步理解，让孩子更深刻地感受故事。

(4) Emotional Sublimation — ask students to think about and answer questions: “Who is good? Who is bad? Why?” “Which do you like best? The dog or the cat?” and get the summary: friends should work together and share togeth-

er.

通过提问启发孩子思考，并发现故事的深刻寓意，故事阅读教学中的人文性得以体现，情感得到升华，情感目的得以达成。

(5) Homework: Tell the story to your family and your friends.

（本案例改编自第七届全国小学英语优质课比赛一等奖郭钰峰教学录像）

赏析：本案例是第七届全国小学英语优质课比赛的一个课堂教学实录，笔者对课前的热身环节稍做修改，设计成提问几位学生后让喜欢同一种动物的学生站起来，这个改动形式简单快速，不需多占用课堂时间，又起到了对多数学生学习热情和参与度的保护。

本堂课的教师教学过程流畅，以纯真的热爱和饱满的激情关注到每一位儿童，借用故事情景，巧妙激发儿童思维，其扎实的教学基本功、和谐有效的课堂风格赢得了专家评委和观摩教师的喝彩。

首先，教师善于使用预测策略，设置悬念，在故事的读前阶段设置预测，在故事中设置预测，激发了儿童阅读故事的兴趣，培养了儿童的思考能力和逻辑思维能力。

其次，以故事情节发展推动语言知识的建构。从 warm- up 环节复习已学过的动物名称，三个阅读环节从易到难建构起语言知识框架，并多次运用模仿、表演等形式巩固语言知识的学习。完全符合循序渐进的语言学习规律，为儿童的语言应用建立了“脚手架”。

再次，符合儿童身心特点，学习语言的同时兼顾能力培养。通过有感情地读和演、图片排序及 story burger 的制作最大限度地满足了个体需求，并通过展示肯定了不同学习风格的孩子的阅读收获，体现了儿童的主体地位。

最后，after reading 环节的情感体验和情感教育使得本堂课的教学内容得以升华，充分体现了故事教学的人文性，对儿童成长过程中价值观、人生观的形成起到了点拨作用。对儿童喜欢的角色的提问则让儿童分享了阅读情感，是儿童享受故事阅读快乐的体现。

第二节　热情洋溢的舞台剧表演

儿童英语舞台剧因其活泼生动的表现形式、简单易懂的舞台语言、完整有趣的故事情节、积极正面的教育意义成为当今儿童英语教育机构推崇的热门。其实，儿童英语课堂内以英语绘本为代表的英语故事同样具备完整的故事情节、真实的生活情景、简单易懂的英语语言以及健康向上的情感体验，完全符合儿童英语舞台剧表演的要求，可以作为儿童舞台表演的重要来源之一。另外在当今强调在情景中学习和使用语言的英语教学背景下，通常以“情景—话题功能”为主线编排的儿童英语教材也符合舞台表演的要求，可以通过改编在舞台上呈现出来。因而如何利用舞台剧表演这种形式更好地激发和培养孩子英语学习的兴趣、提高学习效果，就值得我们广大儿童英语教师和研究者去深思与探索。

一、英语舞台剧表演的作用

（一）提高学习兴趣，增进积极的学习情感

（1）舞台剧表演能提高儿童英语学习兴趣，激发儿童积极情绪。心理学研究表明，兴趣、情感和教学是相通的。作为一种艺术形式，表演能从心理和认知角度，抓住儿童好说、好动、记忆力和模仿力强的特点，用逼真形象、生动活泼的表演形式，把儿童引向一个妙趣横生的英语世界，自然地激发儿童的积极情绪，大大提升教学效果。

（2）舞台剧表演能增进师生情感，促进师生关系的融洽发展。表演过程中老师走下了讲台，可以是儿童的同台伙伴，可以是幕后导演，与儿童的相互配合与合作让彼此看到对方更多的闪光点，拉近了师生距离，密切了师生关系。

（3）舞台剧表演尊重了儿童的学习主体地位，丰富了儿童的学习体验。表演区别于普通课堂教学对儿童英语学习的统一要求和目标。在表演过程中允许儿童对角色有自己的认识，个体的差异性能够赋予角色不同的精彩，允许儿童用自己的方式和特点去表现同一个角色，这时儿童英语学习的主体地位得到突显。在表演过程中，儿童可以体验不同的语言应用情景，感受不同的人物的生活经历，体验英语语言的真实表达和表现能力，丰富自己的学习体验。

（二）降低学习难度，提升学习效果

（1）舞台剧表演能使英语教材形象化，降低学习难度。舞台表演给儿童创设了逼真的语言应用情景，教材内容变得具体化、形象化，英语学习真正活起来，听与说变得更简单轻松。

（2）舞台剧表演能增加儿童英语学习动力，更好地检验和巩固学习成果。首先，在舞台表演欲望和成就感的推动下，儿童英语学习动力增强，儿童为完成高质量的表演，自愿积极主动地练习、运用所学知识，英语学习不再是沉重的负担。其次，表演改变了儿童听、读、写的枯燥英语学习形式，让抽象的语言有了生命力，学习变得生动有趣，儿童自然愿意参与英语学习。再次，通过把学习内容表演出来，改变了以往令儿童紧张恐惧的背诵、听写等传统检测方法，让儿童以愉悦轻松的心态对待检验，其表现自然会更好，同时关注儿童心理健康，也体现了儿童英语教学的人文性。

（三）践行英语语言的实践性和交际性，发展儿童的综合素质

(1) 舞台剧表演是一种语言实践。表演过程中儿童用英语去表达台词是“说英语”；合作的表演者要完成双方的对话和互动就必须听懂对方的对白，这是“听英语”；台下的儿童全神贯注地欣赏表演，这更是英语“视听”的实践。表演不仅是舞台上几个演员的英语语言实践，当台下的儿童争先恐后地争当“提词器”，提前“剧透”时，英语舞台表演更是扩大成了所有在场儿童的一次英语语言实践。儿童为了舞台表演的成功，通常需要几遍甚至数十遍地练习，更是大大增加了儿童的语言实践机会，逐步克服了胆怯的“心理关”和“语言关”，养成了开口说英语的习惯。

(2) 舞台剧表演是一种交际。英语舞台表演通常都不是“独角戏”，它需要演员之间或演员观众间的交流与互动，是特定情境下的一种真实交际。英语舞台表演在强调儿童完成台词的基础上，要求辅之以恰当的动作和表情、创设逼真形象的舞台道具和背景，这些构成了一个比英语课堂更真实的语言交际情景，更容易为儿童所接受。此外表演中的“忘词”“跳戏”等突发状况都是真实的交际活动，需要表演的儿童双方灵活处理、随机应变，更能锻炼儿童的语言交际能力。

(3) 舞台剧表演发展儿童的综合素质。巩固语言知识和发展儿童的综合素质相辅相成，巩固英语知识和能力为发展儿童的综合素质提供坚实的基础，而儿童综合素质的发展又促进儿童英语语言知识和能力的提升。表演过程可以提高儿童的语言表达、人际沟通、组织、社会意识、自主学习能力等，同时锻炼儿童的想象力、创造力、领导力等综合素质。

综上所述，英语舞台剧表演激发了儿童对英语学习的兴趣，促进了儿童的英语学习，发展了儿童的实践能力、交际能力等综合素质。因而在当前以情景话题为主题的儿童英语课本教学中，把教学搬上舞台是我们儿童英语教师应该注重开发的教学方式之一。英语课堂应该是儿童表演与展示的舞台。英语教师应有一定的表演能力，多用表演的形式使儿童在轻松愉快的气氛中学到知识、提高能力。

二、英语舞台剧表演的类型

（一）以课本为剧本的舞台剧表演

英语学习强调过程的享受，最终落脚点在交流与交际。儿童英语课堂是英语语言应用的重要交流场所之一，应该为儿童提供锻炼机会。因此，老师的任务就是千方百计把课堂变成儿童的表演舞台，当好儿童舞台表演的“导演”，让孩子们在这个舞台上分担角色尽情表现自己。当前儿童英语教材多以话题为纲，交际功能为线，兼顾结构，以运用英语完成任务为目标。所以教师完全可以结合课文主题，对课文内容进行整合，融合话题内容，设计以重点句型为主的舞台剧表演展示。如针对话题“weekend”的内容，教师可以设计“What do you do on Sundays? I often

…”的表演展示活动。紧紧围绕课文主题内容的设计，既复习、巩固了旧知识，丰富了本课时表演展示活动的内容，又为下单元做好了铺垫。

但在课本舞台剧表演设计时，对课本内容进行单元内容整合并不是意味着简单地把语言知识进行“再回锅”，也不是随意增添新内容而增加难度，而是要注意教学设计既能兼顾教材的内容，又能激励儿童说英语的兴趣，拓展儿童的语言水平，让儿童在表演展示活动中去感知、认识新的教学内容，找到成就感，从而激发学习兴趣和动力。

（二）课本外的有主题的原创表演

除了课本内容，教师还可以针对儿童语言水平特点，就某个特定主题，在家长的配合下设计合适的表演展示内容。课本外的英语舞台剧表演内容的设计要符合：(1) 时代性。体现时代精神，顺应时代发展趋势，充分利用现代艺术资源。(2) 民族性。体现民族特色，发扬民间优秀文化传统，增强孩子民族自豪感。(3) 趣味性。符合儿童的身心特点和语言学习的认知特点，循序渐进，寓教于乐。(4) 创造性。以培养孩子的形象思维能力、创新精神和实践能力为出发点。

表演准备过程中坚持面向全体儿童，人人平等，根据自愿的原则，按照英语水平、性格特点等分组，确保每组、每人都能得到锻炼和展示的均等机会，每个孩子都能体验到学习主体的感受，体验到学习的乐趣和成功的喜悦。

（三）儿童的自我创作表演

锻炼和发展儿童的想象力和创新能力是儿童英语教学的目的之一。英语舞台剧的创作也可以发挥儿童的创造性，引导儿童在小组内自主设计表演展示内容。但这并不意味着教师可以“大撒把”，彻底放手不管。

教师在设计表演展示活动时要始终遵循发挥儿童自主设计能力的原则，达到“用中学，学中用”的目的。教师可以将表演的任务内容提前告诉儿童，给出合理的情境建议和充足的准备时间，引导儿童充分利用教材的重点句型、词汇等，进行改编演练后在课堂上表演展示。如设计“How much is this shirt?”一课时，教师可以引导儿童创设到商店购买衣服、水果、学习用品等情境，然后小组自由组合，准备用品进行相关情境表演展示。

此外教师还应做好充分的前期准备工作，包括学习小组内各角色小演员的培训指导、多媒体技术应用培训等工作。在活动开始前要说明注意事项和具体要求，让儿童明确参与目的，有连续高质量的参与度。活动前期工作准备充分，各小组的儿童才有作品可展示，才能展示好。舞台剧表演展示过程的设计切记应细而不繁，井然有序，教师才能够站在一定的高度驾驭课堂，达到预期的教学目标。

三、英语舞台剧表演的特点

（一）时间安排的灵活性

通常简单的课本改编剧可以在每一单元结束后，利用课前或课后 5～10 分钟让儿童就本单元相关主题进行自由表演。儿童自我创作的舞台剧可以每月举行一至两次的集中表演。

另外大型的课本外主题舞台剧因其参演人数较多、舞台设计布置要求较高等因素需要较长的准备时间，可以安排在每个学期或特定节日以汇报演出的形式在大型晚会等活动中进行表演。

（二）组织形式的自由性

由于英语舞台剧的内容丰富多样，所以在组织形式上有较高的自由性。可以双人表演对话；也可以在自愿组合的基础上由几十名同学根据能力、爱好、特长、英语水平、家庭住址的远近分成若干小组，由每组的组长负责组织具体事务，如剧本的改写、角色的分工、道具的运用等。

四、英语舞台剧表演展示的组织原则

（一）以人为本的表演设计

儿童是舞台剧表演的主体，由于每个儿童的性格、学习能力、认识水平都不一样，这就决定了儿童英语舞台剧的表演不能生搬硬套，要遵循循序渐进、因材施教的教学规律。教师既要熟悉教材、通读教材，又要兼顾挖掘儿童个性特点。根据儿童的实际语言水平、已有的认知水平和其他实际教学情况，结合教学目标和教学要求，对教学重点和难点与表演展示进行融合、再构，丰富表演展示的内容，从而有效提升文本情感，达到最终教学目标的实现，而非一味追求热闹丰富多彩的表演形式。

设计舞台剧表演时，教师还要考虑儿童的情感因素，有效调控课堂，构造一个良好的人文情境，进一步巩固和深化知识内容，做到“学中用，用中学”，达到提升人文素养的教学目标。

总之，儿童英语舞台剧从设计开始就应以儿童为中心、以人为本，正确把握好教师的主导和儿童学习主体的作用，关注儿童的学习需求、学习过程和发展，才能达到培养儿童的个性发展和综合语言运用能力的最终活动目标。

（二）细致、人性化的准备阶段

对于多数儿童来说，舞台剧表演是一个庞大的工程，即便在父母工作之余的帮助下仍无法把表演前的准备工作做到全面细致。这就要求教师给予必要的指导和帮助。

首先指导并帮助儿童创设表演所需的情境，如引导帮助儿童制作头饰、衣物等直观教具，启发儿童利用课文中的插图、挂图、照片、简笔画等画面呈现情景，或教会儿童利用简洁易懂的语言、表情、手势等描述情景，然后再让儿童自己展开想象、各自发挥，人性化地帮助孩子减少表演难度。

其次帮助儿童解决舞台剧中的语言“拦路虎”，降低表演的难度。教师可以将教学内容中的重点、难点提取出来，进行分部教学与操练，让儿童在充分理解的基础上运用。英语水平高的儿童可以继续拓展延伸，而语言水平低的儿童也能够在此基础上完成自己的表演，体验演出的成就感。

（三）“背”与“演”统一结合的表演过程

英语舞台剧的表演不是课文或故事的背诵。简单的背诵是儿童单方面的学习活动，儿童不需要去考虑与别人的口语交流，因而没有真正理解对话的含义，也无法体现儿童对语言的深层次理解。所以为了舞台表演收到好的效果，必须从以下两个方面做好铺垫：

首先是准备舞台剧的语言。教师在设计舞台剧表演时，应帮助儿童不断积累语言素材，扎实掌握语言基本功，并帮助其在适时的语境中自如应用，只有这样儿童才能发自内心地进行表演。

其次是准备舞台剧的表演。在儿童表演剧本之前，可以先安排儿童观看影像资料或由教师与语言水平较好的儿童一起参与的示范表演，降低儿童的表演难度，使表演的过程更流畅。另外为求表演精彩生动，教师还应对儿童进行神态、动作等肢体语言方面的指导和训练。成功的角色表演，会燃起儿童更高的参与欲望和表演激情。因此教师应该尽量多提供机会，让更多的儿童走到台前去表演，积累更多的表演经验，锻炼儿童的表演能力，实现“背”与“演”的完美结合。

（四）必不可少的有效评价机制

教育评价是教育教学活动中不可缺少的一个环节，对教育教学本身和教师与学生的进步与提升都有着重要作用，有效评价机制对教育教学和被评价对象产生鉴定、导向、激励、诊断、调节、管理等功能。儿童英语舞台剧表演作为儿童英语教学的一种教学活动形式，同样也不能缺少有效的评价机制。有效评价能激发儿童的学习兴趣，促进儿童自主学习能力、思维能力、跨文化意识和健康人格的发展。

在对儿童英语舞台剧展示活动设计评价标准时，应多层面、多角度去思考。既有对舞台上表演者的评价，也有对台下观众的评价，以此来维持所有儿童在表演过程中的纪律和参与度。在表演展示过程中，教师必须有一个合理、清晰、易操作的评价制度，从儿童语音表达、神情动作、认真倾听、作品创意、团结合作等方面进行评价。同时记录保留儿童精彩的片段和表现,以备展示和存档。

针对儿童的表演展示可以创设出多个奖项,满足不同学习层次、学习风格的儿童的成就感,激励儿童继续努力。在形式上除了老师评价外,还可以组织儿童自评、组内互评等,更好地调动儿童的参与积极性和过程中的认真投入。

五、组织英语舞台剧表演的步骤

(一)引导儿童读懂文本,提高儿童的英语阅读能力

英语舞台剧表演展示是一个循序渐进的过程,需要教师从培养和提高儿童的正确阅读能力开始,逐步过渡提升到儿童自我创编和表演。以简单的课本舞台剧为例,儿童虽然表演欲望和热情高涨,但并不能独立完成舞台表演。需要教师从简单的朗读课文开始循循善诱,引导儿童反复练习。因为儿童迫切想了解表演的内容,所以教师不必急于教授单词与句型,而应抓住时机逐步培养儿童阅读中的“猜测”能力。让儿童学会自己猜测单词的意义并从文本中发现规律,总结单词的用法,引导儿童通过观察课文插图尝试理解句型,启发儿童举一反三利用生词和句型自我表达。通过长期的阅读策略的渗透,逐步引导培养儿童正确的英语阅读习惯,提高儿童英语阅读能力,为儿童顺利进行舞台剧表演奠定基础。

(二)指导儿童编写表演剧本,发挥儿童想象力和创新能力

在掌握文本内容的基础上,教师可有意识地结合儿童已学知识进行提问,充实文本内容。通过对文本中未详细描述的一些情节进行提问,引导儿童发挥想象力对文本内容进行大胆合理的想象、扩展和改编。对于舞台剧的编排,允许儿童根据自己个性的想象发挥,创设不同于课本的合理的情节,使其丰富多彩。在表演剧本的改编中,儿童不仅需要对故事的前因后果进行精心的推测,也需要复习并巩固已学的知识才能达到灵活熟练运用的效果。儿童想象力丰富,语言也十分生动,即便有语法错误,教师也应给予表扬,充分调动儿童的学习积极性、主动性和创造性,激发他们继续创新的兴趣和热情。

(三)正确给予评价,培养愉悦感和成就感

愉悦感是一种积极情感的心理表现,可以诱发和鼓励学习者更主动、积极地投入到学习中。儿童在学习中获取了愉悦感,会提升英语学习兴趣和积极主动性。成就感是人们在活动中获得成功所带来的情感,如愉快、精神振奋、自豪满足等。成就感能使儿童体会到努力的乐趣、成功的快乐,从而增强自信心和进取心。因此教师需要对儿童的舞台剧表演及时加以肯定和鼓励,满足他们的成就感,特别是对一些学习有困难的儿童,一次或多次的鼓励会使他们获得学习的“激活剂”,使他们逐渐成为学习的主人。

在肯定与鼓励评价的同时，在不打击儿童快乐和成就感的前提下，教师还需要艺术地指出表演的不足，如采用儿童自评、互评结合教师评价的形式。正确的评价既能使儿童对表演始终充满饱满的热情和充足的自信，又能帮助儿童发现问题，从而能更加积极地学习、不断进步。

六、英语舞台剧表演的注意事项

（一）注意教师角色的转变

在准备阶段，教师不再只是知识的传授者，而是科学的设计者，活动的指导者，过程的参与者，解决问题的帮助者和评价者。准备过程中教师应为儿童提供知识平台，指导和帮助儿童主动参与、亲身实践和合作探究。同时培养儿童搜索和处理信息的能力、自己获取新知识的能力、分析解决问题的能力以及交流与合作的能力。教师还应适时启发儿童，与儿童共同探讨问题。

在儿童上台表演阶段，教师是观众纪律的维持者，同时处理表演过程中的偶发事件，保证表演的顺利进行。

在儿童表演结束后，教师是重要的评价者。教师需要及时指出表演中的优缺点，帮助儿童更好地进行自我评价，以取得下次更大的进步。这充分体现了儿童英语教学是师生交往、共同发展的互动过程。通过交往互动，建立和谐、民主、平等的师生关系以及新的“学习共同体”。

（二）注意舞台剧表演时间和地点的选择

首先，儿童英语舞台剧的表演时间视内容和要求而定。简单短小的课本剧可以利用课前课后的时间。利用每节课课前课后的 5 到 10 分钟，让儿童进行短剧的表演，既能充分利用课后时间和上课前的复习时间，也不会影响正常教学计划，还可以培养儿童自主学习的良好习惯。课堂上的短剧表演虽然时间较短，内容通常是对所学句型的简单巩固复习，但也需要给予儿童充分的准备时间。如果要求儿童在教师布置完表演任务后立刻就演，显然是不科学也不现实的。教师可在讲完重要句型后，利用各种手段给儿童创设相关的情景，然后由他们课后自由发挥创编小剧本，编排并操练。大型的舞台剧或自我创编的舞台剧则需要几周甚至更长的时间来进行创作和排练。

其次，英语舞台剧表演地点的选择要考虑表演的外在因素。一般来说课堂的英语舞台剧表演场地的要求较低，正常的教学场地都可以满足。但如果表演的内容对场景布置要求高、角色复杂，那么课堂内的舞台表演就很难收到良好的效果。这时就要求教师和后勤团队必须从室内环境、舞台道具、服饰、舞台背景、技术支持以及人员秩序等多方面事无巨细地做出谨慎选择和安排。

（三）注意评价的及时性和艺术性

“行为和反馈之间尽可能短的时间间隔是学习最重要的因素之一：行为和反馈之间的联系越紧密，学习就会越快发生。”所以对于儿童的舞台表演要尽可能地给予及时的、艺术性的评价和反馈。评价形式分为形成性评价和终结性评价。

形成性评价可分为儿童自评、互评和教师评价的形式。每次表演结束，教师可以组织即时的话语评价。先挑选儿童进行故事情节讲述和点评，然后再由教师进行补充评价。最重要的是，教师的评价内容要尽可能看到每个儿童表演的闪光点，有意识地给予肯定和鼓励。对于表演过程中的不足避免简单粗暴的批评和指责，要艺术性地给予点拨和启示，如“你的表演很棒，如果能够再加上微笑就更完美了”等这样含蓄的改进意见。通过学生自评、生生互评和教师点评，既能教会儿童欣赏别人、向别人学习的处事方式，又能使儿童信心满满地学习改进自己的缺点与不足。

终结性评价应该从多角度、多层面展开，设置团体奖和个人奖。团体奖从剧本内容的创意、语音的标准、表情动作的技巧和服装道具等多方面进行打分评比。个人奖可以分为演员、导演和剧本三个类别，分别进行评选。口头表彰之余，还可以进行简单的奖品发放仪式，让儿童充分感受表演的成就感和乐趣。

七、教学案例赏析

舞台剧表演剧目：The Little Red Riding Hood。

表演者：7～9岁儿童。

表演地点：演播厅。

准备过程：

(1) 教师挑选剧本，熟悉剧本内容，对剧本中的场景设置、配乐、人物、服装、道具、节奏、时长等进行细致规划。

(2) 演员的挑选和表演训练。

首先，挑选演员。任课教师通过平时对儿童英语水平的了解，以及读课文的方式测试其发音等基本英语语言素质来挑选出主要角色：小红帽、大灰狼、猎人、妈妈，然后通过自愿报名加筛选的方式选出身高体型都差不多的六只小鸭子和其他六个动物的扮演者。在群演挑选过程中，有一个小男孩在落选后反复提出要求参加演出，出于保护孩子的积极性，也考虑到孩子的实际英语水平，任课教师又增加了一个小动物的角色，由六个变成了七个。

其次，学习剧本。与所有角色扮演者一起学习小红帽的故事，引导儿童对各角色的认识与理解，启发思考各角色的语言风格和动作风格。

再次，攻破语言。通过课下单独一对一的形式教授各个角色的台词，并在台词教授过程中进行表演方面的指导，与儿童一起探讨各角色的语气、动作、表情等。

儿童年龄较小，词汇积累有限，可以发送语音给儿童家长，方便儿童放学后练习。在学习台词过程中，可以根据儿童的表现来适当地替换掉较难的词汇，便于孩子掌握。

最后，多次排练，以求最佳效果，包括人物的上下场的时机、方式，舞台上的站位，与配乐的配合，动作的起止等。

(3) 与有关部门和人员协商道具、布景、演出服等有关事宜。

表演过程：

教师时刻关注舞台表演的进展，提醒组织好各个角色的上下场，处理好着装、道具等的突发情况。认真观看表演，并在台下做出手势等给予儿童鼓励和信心。

表演后：

教师对表演进行了充分的肯定与表扬。首先让儿童挨个谈谈舞台上演出的感受，对表演进行自我评价：有的儿童自己评价自己的表演挺好的，跟排练时一样；有的儿童说自己紧张，还忘记了一句话；还有的儿童说在舞台上站的位置错了，没有正对着舞台中间的那个大灯（为保证舞台效果，排练时教师给她指定的位置）。接下来要求他们相互评价对方的表演：猎人说大灰狼的倒地动作稍早了点，话还没说完；小红帽说大灰狼跟她对戏时没看着她的眼睛。然后教师给予每个演员积极的评价，同时艺术地指出他们表演的不足，鼓励大家再接再厉。随后教师组织所有参与演出的儿童一起拍摄了集体照。最后在表演结束后的英语课堂上，颁发了最佳语言奖、最佳动作奖、最佳表演奖等多个奖项。

反思：因为这是二年级学生英语学习汇报演出表演中的一个节目，所以与课堂内的英语舞台表演很不一样。又因为二年级的学生年龄较小，所以教师承担了剧本选择、场景设置等绝大部分工作。但表演前准备阶段的流程以及表演过程中和表演后教师的角色担当都与课堂内的舞台剧表演是相同的。在整个表演过程中，教师作为知识的传授者、舞台表演科学的设计者、活动的指导者、过程的参与者、解决问题的帮助者和评价者都得到了充分的体现。剧本的选择符合二年级学生的英语水平和认知特点，在剧本的学习和表演练习过程中也体现了与学生的互动，构建了一个一起学习进步的平等学习共同体。表演后的评价及时有效，满足了学生的成就感，并且对学生的个体表现进行了肯定和鼓励。希望能够对广大儿童英语教师开展英语舞台剧的表演有所帮助。

第五章　艺术地玩，自然地拼

《幼儿园教育指导纲要（试行）》（2001 版）中提出：教育应尊重儿童的人格和权力，尊重儿童的身心发展规律和学习特点，关注个别差异，促进每个儿童富有个性的发展。《小学英语新课程标准》中指出："小学英语课程的目的是激发学生学习英语的兴趣，培养他们英语学习的积极态度，使他们建立初步的学习英语的自信心。"因此教师在教学过程中应选择儿童感兴趣的教学形式，帮助儿童更好地掌握知识。游戏和童谣趣味性强，深受儿童的喜爱。自然拼读可以帮助儿童更容易地掌握英语发音规律，使英语朗读和单词背诵变得简单易学，是专为儿童阶段量身打造的学习方法。本章对游戏、童谣和自然拼读的相关特征、教学方法和教学案例等进行了研究。

第一节　妙趣横生的游戏

儿童好动、好玩、好奇、好胜、好表扬，如何从他们的实际情况出发，既不违背他们的天性，又可以达到一定的教学目的呢？游戏就可以成为这其中的桥梁。卡罗琳说："孩子们的工作就是游戏。在游戏中激发他们的思维是其最愿意接受的。"瑞士心理学家皮亚杰认为：游戏作为一种教育途径，能够让儿童在游戏中学会交流与合作、表达和交往。游戏教学趣味性、实践性强，课堂教学效果更加良好，是儿童英语教育行之有效的教学手段。

一、儿童英语游戏教学的含义和地位

（一）英语游戏教学的定义

《教育大辞典》中将游戏定义为："游戏是幼儿的基本活动，是适合幼儿年龄特点的有目的、有意识，通过模仿和想象反映周围现实生活的一种独特的社会性活动。"福禄培尔在其代表作《幼儿园》中认为："游戏和语言是儿童生活的组成因素，儿童的内心活动和内心生活通过各种因素变为独立的、自主的外部自我表现，从而获得愉快、自由和满足，并保持内在与外在的平衡。"

《教育大辞典》指出，游戏教学是"根据教学大纲，将教学内容和形象、富有趣味性的游戏结合起来的教学方法"。游戏教学指的是学习者借助幻想（或想象）在虚拟空间中以多种媒体为中介、以教育目的为驱动、以规则为导向参与竞争，并接受反馈的交互式教学活动。儿童英语游戏教学将英语语言教学寓于娱乐与活动之中，力图实现游戏与教学的和谐统一和巧妙结合，激发儿童英语学习兴趣，让儿童在轻松、愉快、自然的气氛中掌握英语知识，提高英语语言能力。

在实际教学中许多教师混淆了游戏和练习，将练习看作游戏。两者的区别在于：(1) 实施时间不同，练习通常在跟读之后，而游戏在练习之后。(2) 实施目的不同，练习的目的是帮助学生掌握新知，游戏的目的是检测学生新知的掌握情况。练习的常见活动有"大小声""冰山一角"。

（二）儿童英语游戏教学的基本特征

1. 教育性

游戏教学与一般游戏最重要的区别在于"教学"二字，教学是具有明确的教育目的的。教师将游戏元素融入到教学中，游戏服务于教学，与教学目标紧密结合，促进教学目标的实现。学生在轻松愉快的游戏氛围中获取知识、掌握技能、合作探究、完善人格。

2. 目的性

游戏教学是在教师的精心设计和组织之下开展的。教师需要根据教学内容、教学目标、教学重难点、学生的学情等来设计游戏方式和内容，保证游戏在教师的指导下有序开展，真正促进学生的学习，实现"玩有所得"。缺乏目的性的教学游戏是盲目的，偏离了游戏教学的根本，最终浪费了学生的时间。

3. 语言性

英语是一门语言，英语游戏教学必须在游戏过程中贯彻英语的使用和交流。英语语言的学习是儿童英语游戏教学的核心，是其区别于数学游戏、科学游戏等的根本。教师在英语游戏教学中需要渗透字母学习、发音纠正、拼读技巧、句子朗读、篇章理解等知识，培养学生英语语感，提高学生英语口语交际能力。

4. 娱乐性

游戏教学倡导儿童在“玩中学”，在“学中玩”。鲁子问说：“作为游戏教学，其首要特性自然是其游戏性，否则就是一般性的教学活动了。”游戏教学让学生在愉快放松的氛围中学到知识，带给学生的是身心的愉悦。在游戏教学过程中，学生不应受座位、同桌等的限制，可以自由组合小组、离开座位、自由交谈等，激发参与游戏的积极性和主动性，保持学习的热情。

二、儿童英语游戏教学的组织原则和方法

（一）儿童英语游戏教学的组织原则

1. 游戏主体的普遍性原则

《义务教育英语课程标准》(2011 版)中明确提出：“教学要面向全体学生，重视学生的主体地位。”学生是课堂的主人，教学游戏不是个人参与的独角游戏，而是面向全体的群体游戏，全体学生都应参与到游戏中来。比如“开火车”“踩地雷”等游戏，每个学生都可以参与进来，学生学习积极性高。小组合作类游戏可以给予儿童更多的操练机会，儿童参与度高、参与面广，有助于培养儿童的团队意识和互助精神。

2. 游戏任务的目的性原则

课堂上开展的游戏必须与教学紧密相关，围绕教学目的展开，达到教育目的。游戏是为课堂教学服务的，教师在设计游戏时需要思考是否能帮助学生掌握知识。仅有趣却不符合教学内容和教学目的的游戏是不应引入课堂的，如学生喜欢某些电子游戏，但不能体现英语教学标准的要求，教师就不能在教学中使用。

同时，游戏的任务还需要考虑到教学重难点、学生的年龄特点和知识掌握情况，让孩子们从无到有，从低到高，逐渐地习得语言。例如学习颜色话题时，我们可以设计“彩虹转盘”小游戏，教师准备转盘，转盘上面有红、橙、黄、绿、青、蓝、紫等颜色。教师转动转盘在某一颜色处停止，对学生提问：“What color is it?”，学生可回答“Red”或“It’s red”等。反复练习达到熟练后，可以由学生自己转动转盘并提问“What color is it?”，学生回答“Red”或“It’s red”等。游戏通过重复，达到了强化记忆知识点的效果。学生从单词到句子再到对话，逐步掌握本节课教学内容，达到教学目的。

3. 游戏语境的真实性原则

英语教学中强调真实原则，不仅语义要真实，语境和语用都要真实。真实的交际不是虚拟的，而是“双方参与的为某种真实目的所做的交互行为”。

真实语境指运用直观的实物、模拟形象的实事、创设生动的实景，让学生在其

中进行语言的学习、锻炼和交流。通过英语游戏为儿童模拟真实的语言环境，创设英语学习的氛围，感受英语文化。如在游戏中教师可以用到生活中真实场景的照片或录像，真实的人名、身份等。英语游戏让儿童在真实语境中以趣味性的方式、在自在愉快的氛围中学会运用语言、表达语义、进行交流，进而提高语言综合运用能力。

4. 游戏设计的创新性原则

新课程标准要求教师具有创新精神，培养具有创新意识的学生。一成不变的游戏会让人感到枯燥无趣。教学是一门艺术，创造性是艺术的源泉。教学游戏需要根据时代发展和教学内容不断优化创新，才能保持活力。如在教学字母时，教师可以设计“找邻居”的游戏，找到相邻字母；可以设计“找家族”的游戏，找到含有相同发音的字母；可以设计“体操字母”的游戏，通过简单体操动作拼成字母。教师需要在日常的英语教学中不断钻研思考，设计出科学实用的新型游戏，使学生保持对游戏的热情、对知识的渴望。

5. 游戏组织的灵活性原则

灵活性指教师在组织游戏教学时要注意适时、适度，注意课堂气氛和课堂节奏的调整，灵活处理教学内容和游戏之间的关系。游戏开始之前讲清规则和要求，对游戏过程中出现的小问题积极引导，不要一味批评。对于学生在游戏过程中出现的语言错误，如不影响表达的流畅性，可以采取容忍态度，鼓励学生积极参与敢于表达。如在学习数字时，学生描述三条狗，说“three dog”，这时教师应肯定学生能说出“three”这一数字，同时采用委婉方式纠正错误，如回答“Yes, three dogs”。

（二）儿童英语游戏教学的组织方法

(1) 做好充足课前准备，设计游戏时应考虑游戏的目的、难度、可能出现的安全问题及对策。

(2) 游戏开始前用简洁的指令告诉儿童游戏的内容和规则，可以采用图表、视频、示范等形式帮助学生理解。

(3) 游戏过程中要注意监控，随时调整布局和进度，强调全员参与，利用游戏复习所学知识。整个游戏过程中鼓励全英文交际，鼓励儿童通过图片、动作、手势等帮助交流，达成交流目的。对有困难的儿童，教师应给予提示或帮助，启发鼓励他们积极参与获得胜利，培养他们的参与意识和自信心。

(4) 每个游戏活动用时 5～10 分钟，游戏结束后奖励优胜者，鼓励参与者。

三、儿童英语游戏教学的常见问题和解决方法

（一）忽略游戏目的

在进行游戏活动时不能“为了游戏而游戏”，游戏教学必须紧扣一定的教学目

的，做到“玩有所得”，避免过于复杂无教学意义的游戏。

（二）教师角色处理不当

社会建构主义理论认为，正确的教师角色定位在师生互动有效性过程中占据重要地位。在儿童英语游戏过程中，教师的角色有四种：一是游戏环境的设计者；二是游戏过程的观察者；三是游戏进展的支持者；四是游戏活动的合作者。在游戏教学中教师要时刻扮演好各种角色。

（三）游戏选择不恰当

游戏具有不同的年龄适宜性。例如，躲藏、听和猜、抢椅子等游戏都要求儿童能够在思维活动上“中心化”，根据预测他人的反应来选择合适的行为方式；竞赛性游戏要求儿童理解“输”和“赢”的意义；以小组为单位的竞赛性游戏要求儿童具有团队意识与竞赛意识。若选用的游戏不当，会直接影响教学效果。

（四）游戏组织混乱

游戏教学如果没有良好的课堂纪律做保障，游戏教学质量就根本无从谈起。游戏过程中出现纪律混乱的原因有：学生不熟悉游戏规则，游戏过程中缺乏管理，奖惩措施不完善等。游戏活动前，教师应示范游戏规则，可找学生配合示范，帮助学生理解规则。游戏过程中，教师要走入学生中间；不能只关注参与游戏的同学，要关注全体。奖惩用法应以奖励为主，惩罚为辅，从而维持游戏教学秩序。

（五）忽视游戏安全

儿童安全是重中之重，教师不应选择存在安全问题的游戏，在选择游戏道具、游戏场地和游戏方式方面都应斟酌，考虑到可能存在的安全问题。游戏前对学生进行事前警告，游戏过程中时刻关注，及时发现、制止不安全因素，保障儿童在游戏过程中的安全。

四、儿童英语教学游戏的种类

（一）按游戏的形式划分

1. 角色游戏

角色游戏是儿童根据自己的兴趣和愿望，通过模仿、想象和扮演角色，创造性地反映自己的现实生活经验。儿童以人物原型的名字称呼自己，通过各种操作活动模仿各种人物的行为和语言。角色游戏的内容常涉及两个方面：日常生活方面，如乘坐公共汽车、上学等；社会劳动与活动方面，如去动物园、逛超市等。

2. 音乐游戏

音乐游戏的目的是发展儿童听觉，掌握一定的发声技能和增强身体的协调动作。教师可以选择英语教材中的一些常用词汇、句型配以节奏欢快的乐曲和短小优美的歌曲，再配以富有童趣的舞蹈动作，使儿童在愉快的玩耍中学习英语。

3．智力游戏

智力游戏以智力活动为基础，与语言游戏、数学游戏及科学常识游戏等有着密切的联系。在智力游戏中，师生用英语进行交际，同时协调儿童各种感官的参与，从而提高儿童的观察、注意、记忆、思维、语言等能力，对儿童能力的发展起到很大的作用。

4．体育游戏

体育游戏是根据一定的体育人物设计，由一定的动作、情节、角色和规则组成的身体训练。要求儿童对信号和游戏环境的变化迅速做出反应。体育游戏中的信号是用英语发出的，实际上就是游戏的某种规则。体育游戏有助于提高儿童对英语口语信息的敏感程度和反应速度，有利于儿童德、智、体、美的全面发展。

5．表演游戏

表演游戏以童话或故事作为表演内容，能充分发挥儿童的创造才能，受到儿童的普遍欢迎。在表演游戏中，儿童能练习用英语进行角色之间的对话，学习按角色的要求使用不同的用语，很好地促进儿童英语口语能力的发展。

（二）按教学目的划分

1．操练性游戏

操练性游戏是以训练学生的心智技能和动作技能为主要活动目的的游戏，如“开火车读单词”游戏。操练性游戏更适合低年龄段的小学生，能让学生在简单、易操作的游戏中释放天性。操练性游戏可以分为快速操练性游戏和反复操练性游戏。快速操练性游戏适用于回顾旧知，反复操练性游戏适用于巩固新学习的知识。

2．激趣性游戏

激趣性游戏多为引入新知而设置，目的是激发学生兴趣，启发学生思维。比如“猜猜看”的游戏：教师将物品藏在手中，询问学生“Guess，what’s in my hand?”，或隐藏图片的一部分，询问“Guess，what’s it?”。

3．合作性游戏

合作性游戏以双人或小组的形式开展，以培养学生小组协作能力为主要目标。合作性游戏可以分为展示性合作游戏和竞赛性合作游戏。在小组合作中，学生可以自由地表达观点，与成员交流探讨，分享知识。合作性游戏一般适用于有一定英语基础的高年级段学生。

4．拓展性游戏

拓展性游戏通常用于新知呈现之后的巩固操练环节或复习课中，帮助学生练习新旧知识，达到巩固复习的目的。比如教师给出“food”这个单词，学生会说出“hamburger，noodles，bread，fries，beef，pizza，fish”等许多与食物有关的单词。像这种教师给出上位词，学生无限联想相关下位词汇的游戏就是拓展性游戏。这种游戏能够充分发挥学生的联想力，引导学生快速提取已有知识，锻炼学生思维的敏捷性，从而达到巩固所学知识的目的。

5. 综合性游戏

综合性游戏大多是教师综合了各种信息资料创造出来的，综合了各方面的知识，更接近学生的实际生活，具有较强的时尚性和参与性，能比较好地调动学生的积极性。综合性游戏需要的时间会比较长，一般用在复习课上。

（三）按游戏的内容划分

1. 字母类游戏

在字母教学中可以采用游戏教学，把字母具体生动形象地展示在儿童面前，如“找朋友”“看图找字母”等，适用于英语初学者。

2. 词汇类游戏

词汇类游戏可以充分调动儿童的各种感觉，让儿童在看、听、说、动的过程中轻松记忆单词。常用的词汇类游戏有“单词接龙”(world march)、“纵横字谜”(crossword puzzle)、“闪卡”(flash cards)、“魔力眼”(magic eyes)等。

3. 语音类游戏

语音教学比较枯燥，通过游戏学习语音不会让学生感到乏味无趣，又能训练学生正确辨音和发音。常用的游戏有“绕口令”和“口令兵”等。口令兵的玩法是：教师说给一列的第一名学生一句话，学生依次后传到列尾，最后一名同学说出听到的句子。也可加入动作使趣味性更强。

4. 句型类游戏

句型教学主要体现语言的结构，是英语教学的重点和难点，通过游戏可以唤起儿童的想象力，激发儿童运用所学知识表达自己的思想。如“包中猜物”游戏，教师和学生将物品放入书包内，互相询问“What's in the bag?”回答“It's ...”。

5. 对话类游戏

对话体现了语言的交际能力，是儿童英语教学的核心。对话类可用的游戏比较广泛，角色类、表演类等游戏都可以用于对话训练。

五、新颖多样的儿童英语游戏教学技巧

竞赛性游戏是最受儿童欢迎的游戏形式。他们有了集体荣誉感和一定的竞争意识，争强好胜，此种游戏进行起来相当激烈、气氛活跃。竞赛游戏的计分方式很重要，要新颖、有创意，要是儿童感兴趣的或对他们有刺激的。

（一）分组技巧

可以用“剪刀”“刀子”“切西瓜”甚至“炸弹”等来分组，这样分成的小组，小朋友

不容易忘记。确认检查组号的时候，也可以复习一些指令，比如"Team 1 clap your hands，Team 2 nod your head ... "。

（二）小组起名技巧

起名可以与课文内容或学生兴趣结合起来，如本节课学习运动有关的内容，教师可以用课文单词"football""basketball"等作为小组名字。本节课学习与颜色有关的内容，可以问学生"What color do you like?"学生可能回答"I like purple"，就用"purple"作为小组名字；学生回答"I like green"，就用"green"作为小组名字。学生参与起名，激发起小组认同感，参与度增加，学习效果会更加理想。

（三）计分技巧

1. 阶梯式

设置一个终极目标，通过爬阶梯的形式（如图 5.1 至图 5.4 所示的小游戏）一步步实现目标。每答对一次上升一层台阶，最先完成任务的小组获胜。

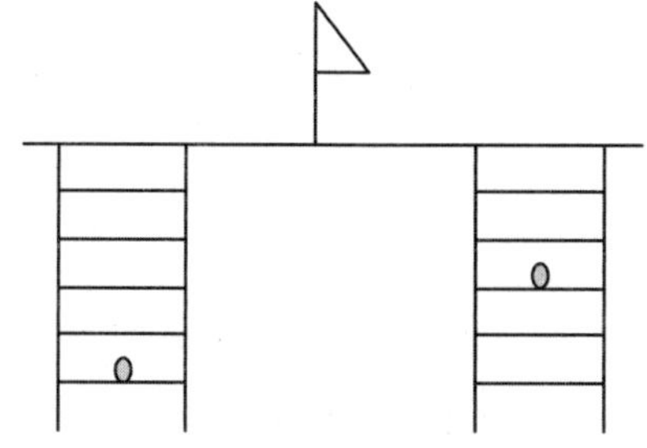

图 5.1 抢小旗

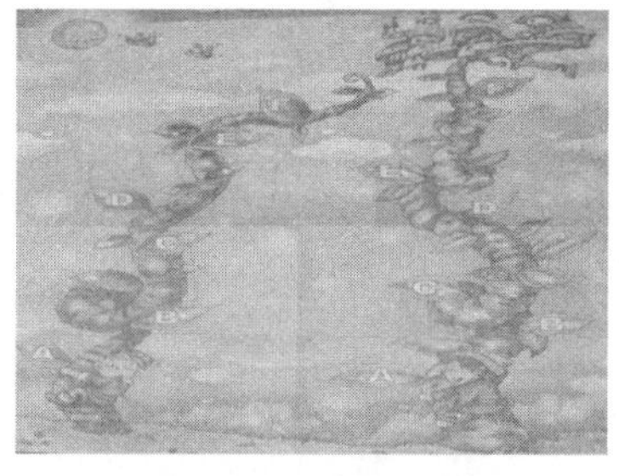

图 5.2 爬字母树

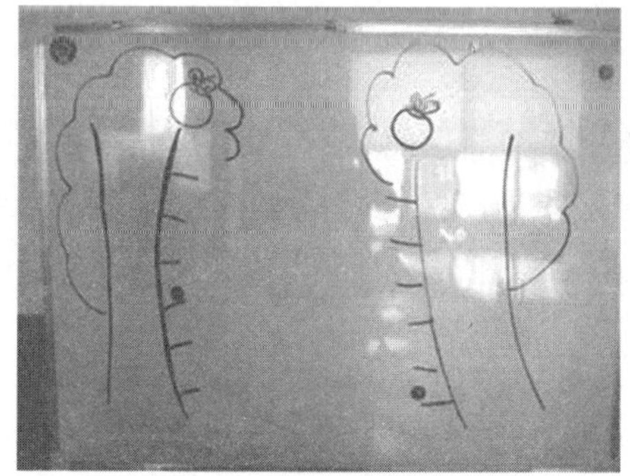

图 5.3 摘苹果

图 5.4 看谁先回家

2. 累加式

每组答对一次给予一次奖励，逐次累积，最终奖励多的一组获胜。如"叠积木"（砌房子）：将积木分成 2 组，每组获得机会后叠自己的房子，比比看，哪组的房子建得最高则最后获胜。也可以通过游戏“长牙齿”(如图 5.5)来比赛完成情况。

3. 完成图形式

将画图或下棋等游戏融入计分方式,这种形式的要求比较高,适合年龄较大的儿童。如五子棋:每赢一次获得一次下棋机会,最先连成 5 个的获胜。还有“tic-tac-toe”(如图 5.6),“拼人脸”等形式。

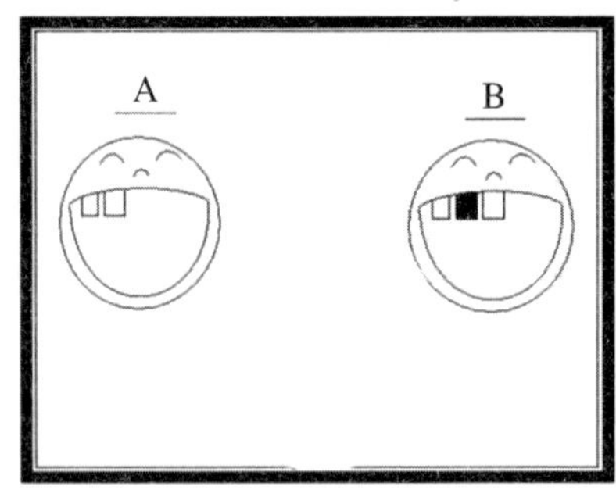

图 5.5 长牙齿

图 5.6 tic-tac-toe

六、儿童英语游戏教学案例

教授课题:colour (blue, green, yellow, red, black, ...)。

Step One: Games

(1) “猜一猜”的游戏。把学生用过的文具放入书包中,让学生用手摸一摸,猜一猜,这样就更好地复习了学过的文具用品词汇 pen/rubber/knife/ruler/crayon/pencil-box……

(2) “你说我做”的游戏。指名学生发指令,其他学生按指令做动作。指令内容如下:“Show me your pen/rubber/knife/tape/crayon ... ”。

Step Two: Presentation

(1) 在黑板的左下角贴一个手里拿着水彩笔的小熊猫,在右上角贴一个红红的太阳。教师:“小熊猫,真调皮,手里拿着水彩笔,画个太阳红彤彤,red red 是红色。”老师重复教读 red,学生跟读。然后出示红色的笔,“This is a pen, a red pen”。重点强调单词 red 及其发音,在黑板上用红色的粉笔写下 red 带读几遍,这样学生们就基本上领会了 red 的含义,练习时会说“a red pen”等。

(2) 贴上一片蓝色的天空。教师:“画个天空是蓝色,blue blue 是蓝色。”(同样的方法教读 blue)然后出示蓝色的铅笔盒,“This is a pencil-box, a blue pencil-box”。着重强调 blue 以及它的发音,在黑板上用蓝色的粉笔写下 blue。接着带读几遍,学生们就领会了 blue 的含义,练习时会说“a blue pencil-box”等。

以此方法依次学习其他几个表示颜色的单词。

(3) 让学生听录音,跟读“let's learn”部分的词汇,边听边读,边认读边指图,做到眼、手、口、耳、心的结合。

(4) 巩固新知识：用单词卡片复习巩固所学表示颜色的单词。

Step Three：Practice

(1) 说一个颜色，让学生找一找教室中含有此颜色的物品，包括文具和学生的服装等。

(2) “猜颜色”的游戏。让一名学生手中藏一种颜色的图片，上前主持游戏，请其他同学猜颜色。学生们众说纷纭，练习颜色词。

(3) 在黑板上画一个无色球，让学生按教师的指令涂色。

案例分析：本节课首先采用“猜一猜”和“听指令做动作”两个游戏复习旧知，带领学生巩固所学的文具用品单词和句型“Show me ...”，为本节课的学习打下基础。第二环节教师带领学生一起通过贴画和动手绘画讲授颜色单词“red”“blue”等和句型“This is ...”。将新知和旧知融为一体，合成长句型“This is a blue pencil-box”，体现了层次教学的理念。英语教学中融入美术、音乐、体育、语文等其他课程的元素，可以很好地激发学生的学习兴趣，促进学科之间的融合。第三环节通过猜颜色和涂色的游戏操练单词和句型，巩固所学知识，达到灵活运用本节课新学知识的教学目的。这节课通过游戏激发了学生的学习兴趣，人人说英语，个个参与表演，学生初步体验成功的喜悦，有助于英语学习效果的提高。

第二节 朗朗上口的童谣

童谣，是为儿童作的短诗，强调格律和韵脚，通常以口头形式流传。在世界各民族和文化中，都有关于童谣的记录。如中国的《三字经》，英国的《一闪一闪小星星》(*Twinkle Twinkle Little Star*)等。童谣通常带有浓厚的地方特色，诙谐幽默、音节和谐、形式简短，读来朗朗上口。

一、英语童谣的特点

童谣具有自然合节的音乐性，这表现在它语言的音韵美和节奏感上。美国哈佛大学古典学者哈夫洛克认为，节奏可能是所有生理乐趣的根基。童谣读起来朗朗上口，唱起来娓娓动听，在语言上更具有独特的特点。主要有：

(一) 头尾押韵

押韵是英语童谣的主要韵律形式。押韵分为押头韵和押尾韵两种。押头韵的童谣往往重复词语开头的辅音。如：

Peter Piper picked a peck of pickled peppers.
A peck of pickled peppers Peter Piper picked.

If Peter Piper picked a peck of pickled peppers,
Where's the peck of pickled peppers Peter Piper picked?

押尾韵的童谣，往往重复童谣行尾单词重读音节中的元音，一韵到底。如：

Rain, rain, go away.
Come again another day.
Little Johnny wants to play.

（二）节奏鲜明

童谣的节奏以重读音节为基础，而不管各重读音节之间的非重读音节数目。因此，童谣的节奏明确、清晰，适合吟诵。大部分童谣有十六拍，每句四拍，共四句，每一拍都落在一个重读音节上。如：

Five little monkeys jumping on the bed.
One fell off and bumped his head.
Ma-ma called the doctor,
the doctor said,
"no more monkeys jumping on the bed."

（三）内容贴近生活自然，通俗易懂

童谣是在婴儿的摇篮旁伴着母亲的吟唱而进入儿童生活中的。孩子们随着年龄的增长，由感知到模仿，最终学会诵唱童谣，并从中获得审美享受。童谣的内容往往十分显浅，易为幼儿所理解，或单纯集中地描摹、叙述事件，或于简洁有趣的韵语中表明普通的事理。英语童谣中的幽默元素也是另一大吸引人的特点。作者通常会使用夸张手法来渲染机智诙谐的效果。如童谣 *A Wise Old Owl*：

A wise old owl lived in an oak;
The more he saw the less he spoke;
The less he spoke the more he heard.
Why can't we all be like that wise old bird?

（四）篇幅简短，结构划一

幼儿对周围事物的认识还比较单纯，又限于口耳相传，因此童谣的篇幅应当短小精巧，结构应当单纯而不复杂。常见的童谣一般只有短短的四句、六句、八句，当然也有较长的。就每句所组成的字数看，有三言、四言、五言、七言、杂言。三字句、五字句、七字句是基本句式。短小、单纯，自然就易学易唱。如：

Work and play

Work while you work　　Play while you play
That is the way　　To be work and gay

Good, better, best

Good, better, best　　　　Never let it rest
Until good is better　　　　And better is best

二、英语童谣的价值

（一）培养儿童英语语感

语言中一个非常重要的因素是语感，语感即人对语言的领悟感应能力，是语言训练达到熟能生巧的表现。乔姆斯基说："后天经验决定语感的变量。"英语语感之于学生而言，就如乐感之于舞者，灵感之于作家，美感之于画家一样，对于学生的听、说、读、写等基本技能的提升和发展有着巨大的推动作用。儿童活泼好动，重复、枯燥地背诵英语会扼杀儿童的学习积极性，应以一种充满童趣的、活泼的形式激发儿童主动参与。有的童谣节奏感强，如：One round face，chua chua chua；Two big eyes，pia pia pia；One small nose，hen hen hen……有的是将一些游戏编进诗歌，如：Wolf Wolf，what time is it？Two O'clock……孩子们在游戏过程中不自觉地反复朗诵，既增强了学习英语的兴趣，又加大了英语语言实践的练习，在不知不觉中增强和发展儿童的英语语感。

（二）解决儿童语音难点

童谣中重复的某些音或字母组合能让学生更有效地掌握一定的发音规律。如 *Butter* 这首童谣：

Come, butter, come,
Peter stands at the gate.
Waiting for a butter cake,
Come, butter, come.

在这首童谣中，字母 o 在单词中/ʌ/的发音多次出现，有强化训练的效果。单个练习容易让儿童感到枯燥乏味，将其放在歌谣中，易记、上口、有趣，儿童可以轻松记住单词发音。

（三）加深理解，强化记忆

心理学理论认为：儿童天性好玩，活泼好动，注意力不能持久，大脑发育特点是听觉记忆比视觉记忆发达，对节奏明快、简单上口的内容往往兴趣持久，且记忆深刻。根据教育学原理，最好的教法就是让学生学到最好的方法，无论什么课程，只有引起学生的关注和主动参与才能成功。为了帮助儿童巧记单词，可用童谣形式进行归类识词，强化唱诵，加深理解。如：三年级上册学习颜色时，较易混淆，若能用这样的 chant 记，会事半功倍。"red 红，yellow 黄，blue 蓝色像海洋；橘子橙色

orange，粉色 pink 真漂亮；莫要记错灰和绿，gray，green 不一样；purple 紫，brown 棕，black，white 是搭档；最后一个是金黄，golden，blond 放光芒。”

三、童谣在儿童英语教学中的应用

（一）创设英语童谣的学习环境

著名心理学家皮亚杰的建构论表明：“儿童是在与外界客观环境进行交互作用中得到发展的。”良好的环境是儿童认知产生的源泉和发展语言的基础，儿童学习语言主要是在不断地听、说、模仿、使用中提高丰富的。在生活中丰富的语言刺激特别有助于儿童英语语感的发展。如：课堂上教师带领学生大声朗读童谣；操场上边说童谣 *My School Is the Best* 边散步；点名时，说上一个小童谣 *I'm Here*；鼓励学生表演童谣并创作童谣。在交流、游戏的过程中，孩子们对于童谣的掌握更牢固了，孩子们之间也会不知不觉产生一种交流、互动的愿望，从而得到自主发展。

（二）挖掘英语童谣背后的文化背景

童谣都是在一定的文化背景中产生的，教师可带领学生深入挖掘童谣背后的政治历史背景，如指导学生做海报，把英语童谣的每句解释都写在上面，或者在每句歌谣下面写上背景介绍或者解释。通过童谣了解文化，加深对英语语言的理解，感受英语的魅力。教师还可以鼓励学生大胆创新，根据童谣里面的人物，自己创作童谣。

（三）运用多种教学手段增强英语童谣学习效果

幼儿英语语感纲要中指出：“发展幼儿语言的重要途径是通过互相渗透的各领域教育，在丰富多彩的活动中去扩展幼儿的经验，提供促进语言发展的条件。”学习童谣前先通过听说、朗读等学会词汇，童谣学习过程中可与视频观看、动作演示等融为一体，学习童谣后可尝试将童谣变为情景剧。如在学习童谣 *Months* 前先教会学生月份的相关词汇，掌握每月的天数并了解 2 月份的特殊性，然后将月份配上动作朗诵童谣，最后学生分组表演不同月份。

Thirty days hath September,
April, June, and November;
all the rest have thirty-one,
Excepting February alone,
And that has twenty-eight days clear
and twenty-nine in each leap year.

四、英语童谣教学案例及分析

教学课题：人民教育出版社教材（PEP）小学英语五年级下册 Unit 1 “My Day” Part A “Let’s talk”。

教学步骤：

Step One：Greetings and warming-up

T：Hello，boys and girls. Welcome to our English class.
　Look at me，here’s a clock.（黑板画钟表）
　Let’s sing a song together：
　Tick Tock，Tick Tock，Tick Tock Time.
　Tick Tock，Tick Tock，Tick Tock Time.
　What time is it?

S：It’s 5 o’clock.

T：What time is it?

S：It’s 9 o’clock.

Step Two：Presentation

T：Today，we will know a new friend. His name is Petro. He is from Spain.（Spain，Spain. He is from Spain.）（板书 Spain 并朗读）

S：Spain，Spain. He is from Spain.

T：Great! Look，Zhang Peng and Petro are talking. What does Zhang Peng ask? Let’s listen. This boy，please.

S：When do you finish class in the morning?

T：Right. Let’s say together：super，super，you’re super.（全班一起说并做动作表扬答对同学）

T：Finish，finish，finish class.（板书并领读）

T：What’s Petro’s answer? Let’s listen again.

S：At 1：00.

T：When do you finish class in the morning? We finish class at 1：00.（完整领读问句和答语）

T：When do you go back to shool after lunch? This girl，please.（抛出第二个问题）

S：At 2：30.

T：Why?

S：Because classes start at 3：00.

T：Right. Let’s say together：super，super，you’re super.（全班一起说并做动作表扬答对同学）

T：Go back to shool，start class.（板书并领读）

T：When do you usually eat dinner?（抛出第三个问题）

S：At 9:30.

T：In the morning，we eat breakfast. At noon，we eat lunch. In the evening，we eat dinner.（教师对比讲解 dinner 的含义）

Step Three：Practice

T：Do a role-play.

T：Do a survey. Let's make a chant according to the survey. For example：

Dikety Tackety tack，I just get up.

Dikety Tackety toe，it's 6 o'clock，you know.

Dikety Tackety tack，I just go to bed.

Dikety Tackety toe，it's 8 o'clock，you know.

Step Four：Summary and homework.

Sing your own chant.

案例分析：本教学案例处处体现了童谣的元素。热身环节采用节奏感强烈的短歌曲 *Tick Tock Time* 引出问句"What time is it?"和答语"It's 5 o'clock"，带领学生快乐地走入本节课与时间有关的课题内容。新知呈现环节采用押韵形式朗读新单词"Spain，Spain. He is from Spain""Finish，finish，finish class"来帮助学生更好地记忆新单词和短语。在表扬学生时同样采用韵律感强烈的表扬语"Super，super，you're super"，增强了学生的自信心和自豪感，激发了学生积极回答问题的兴致。练习巩固环节带领学生创造属于自己的 chant，趣味性强、实用性高，帮助学生灵活运用所学知识。

第三节　张口就来的拼读

自然拼读是一种在英语母语国家流行的教学方法。英语国家的孩子记单词不是靠"背"，而是靠"拼读"，后者逐渐成为第二语言的英语初学者学习发音规则与拼读技巧的教学方法。2000 年，我国香港和台湾地区率先将此方法引入，并进行了大规模推广和普及。

一、自然拼读的含义

自然拼读法（Phonics）起源于英语为母语的国家，这种教学方法引导学生直接学习 26 个字母及其字母组合在单词中的发音规则，其核心是建立英语字母或字母组合与语音之间的对应关系（letter-sound correspondence），帮助学生快速学习发音、拼写和阅读，达到"见词能读，听音能写"。

自然拼读法首先学习26个字母的名称音，然后学习字母及其字母组合的发音，并掌握字母或字母组合的音形对应关系以及连音成词，帮助学生实现“见词能读、听音会写”。自然拼读法教学的三大要素是：字母或字母组合的形（grapheme）、字母或字母组合的音（phoneme）以及拼读（blending）。

加拿大的一项研究表明儿童的常用词汇中，80%的词汇符合自然拼读规律。利用使用频率最高的37个音组，儿童可以独立拼出500个最常用的词汇。词汇量的增加可以大大提高阅读效率，因此在英美国家，自然拼读法是小学课堂的必学内容，如同中国语文课堂的拼音教学。2002年，美国《不让一个孩子掉队》中，“早期阅读第一”“阅读第一行动”法案规定：在低年级进行系统的音素意识和拼读教学。

二、自然拼读的优越性

（一）自然拼读可有效利用汉语拼音的正迁移作用

自然拼读中字母发音与汉语拼音有很多相通之处。儿童初次接触英语，都会感觉比较陌生，但是对于汉语已经耳熟能详，教师可将汉语中与英语共通的部分衔接起来，通过同类的发音对比，迁移汉语的认知到英语的理解上，使得学生快速地掌握英语内容，借助熟知的汉语体系强化感知能力。

（二）避免学习国际音标带来的困难

小学阶段提到的语法、音标等都较为难懂，直截了当地导入这些晦涩的知识，很容易打击学生的求知信心，自然拼读法以更为简单的理念，融合到英语的发音和理解中，减缓了学生的英语负担，消弭了其对英语的逆反情绪。

（二）提高学生学习和记忆单词的能力

小学生的认知能力及生理、心理各方面条件还未完全发育健全，对事物的认知具有一定的局限性，自然拼读法通过对单词发音规律的教学帮助学生进行单词记忆学习，其学习过程及学习方法的趣味性与灵活性显著，更符合小学生的心理年龄及认知特点。

单词发音规律的理解学习是单词字母音标以及音节、发音规律等方面的综合学习和掌握，在掌握这些内容的基础上，学生对单词的学习掌握也更加容易，学习过程中的知识内容囊括了字母发音的音标、音节以及发音规律等内容，能够有效锻炼和提升学生的自主学习能力，对提高学生的英语学习能力以及实现小学英语教学目的有着积极作用和意义。

自然拼读法在小学英语教学中的应用，是教学方法改革创新的体现，对于推动小学英语教学的改革与发展有着积极作用和意义。自然拼读法本身是一种新的教学方法，在小学英语教学中应用这种方法，具有较为显著的作用和意义，但是由于其本身区别于传统教学模式或方法，在教学应用中经验积累表现不足，不免会出现问题，而要想实现其在教学中的有效运用和推进教学提升，必须对这些问题进行不断克服和解决，而问题解决与克服改进的过程，也是教学方法不断完善的过程，对提高教学质量、推进教学提升和进步都有着积极作用和意义。

三、自然拼读和国际音标的对比

（一）两者区别

Phonics 源于希腊语的词根 phon，意思是“声音”，是以学习字母发音为基础，进而学习字母组合的发音，能够拼读单词认识句子，最终达到阅读文章、自然书写的学习效果。音标是记录语言发音的一套符号系统，语言学习者通过音标可以准确掌握语言词汇的正确发音。英语的国际音标是利用语音符号标识英语单词发音的一套符号系统，我国英语教学中广泛使用国际音标来标注单词发音。

国际音标与自然拼读法采用的都是音素教学，但前者学习 48 个音素，是以另外一套书面符号来代表音素。自然拼读法则学习国际音标 48 个音素中的 44 个，是以字母和字母组合来代表音素，学习者只要记忆一套符号（英语字母）即可。

如学习单词“book”，通过看音标[buk]，学生可以了解这个单词的读音，这是音标教学。而自然拼读法，更为注重字母和其发音的对应关系。在学习 26 个字母发音的时候会学到，b 读/b/，k 读作/k/，oo 是字母组合，读作/u/。所以把这个单词拼出来就是 book/buk/，这是自然拼读的教法。

（二）两者优劣

英语国际音标与英语字母属于不同的两套系统，初学者极易混淆。英文字母大小写、音标和汉语拼音等在发音和书写方面也存在相似点，小学生认知水平有限，会产生混乱，不利于接受和掌握。另外，集中的音标学习需要投入大量时间，学习内容也比较枯燥，小学生处于具体形象思维阶段，学习效果不理想。所以小学课本一般不系统讲解音标，单词表也是没有音标的，注重的是学生的跟读模仿。

对于英语为母语的儿童来说，自然拼读是帮助他们从听说过渡到识字阅读的一种有效教学方法。虽然非英语国家儿童缺少听力输入，但是通过学习自然拼读也可以实现“看词能读、听音能写”。自然拼读建立了字母和发音之间的联系，根据拼读规则，可以辨别字母和字母组合的发音，通过音素组合合成单词发音，能有效提高单词拼读、拼写能力，增强学习自信。

自然拼读教学还可以发挥汉语拼音的正迁移作用。汉语拼音作为汉字的发音标注系统，语音符号与英语中的部分字母或字母组合发音相同或相近。同时小学阶段单词比较简单，多是单音节、双音节词并符合发音规律，所以通过学习自然拼读，掌握简单的发音规则，学习见效较快，自然拼读自然也就受到社会的追捧。然而随着词汇复杂程度增加，多音节词和不符合发音规则的单词越来越多，仅靠发音规则来阅读单词变得困难，甚至出现错误，自然拼读也就失去了其应有的效果。这时必须学习国际音标，通过查阅字典，才能掌握最标准正确的方法。如 dear /dɪə/& bear/beə/，head/hed/ & lead/liːd/，go/gəʊ/& do/duː/，以上所列各组单词中存在相同的元音字母，但在不同的单词中发音不尽相同。如果只套用自然拼读法来进行拼读，势必造成错误。

四、自然拼读的基本规则

所谓自然拼读法的教学，即是教授儿童字母（letter）与发音（sound）之间的对应关系，让学生认识了解英语的发音规则，并利用字母与发音的对应关系将单词拼读或拼写出来。例如“bed”这个单词，首先要让学生了解各个字母的对应发音，然后学生就可以将音组合起来，发出“bed”这个单词的音。学习字母或字母组合相对应的发音的关系，就是自然拼读法的教学内容。

自然拼读法的教学内容非常广泛，但是基本上包含三个阶段的教学内容：切割单词，如将“bed”切割成“b-e-d”；学习每个字母或字母组合所对应的音；将这些音组合并拼读出单词。

（一）英语字母拼读规则

英语字母中包含辅音、元音，在进行拼读时辅音与元音进行拼读，拼读规则是一个辅音字母与一个元音字母拼读，前面辅音后面元音，最后剩余的辅音不拼读。就像汉语拼音中有声母、韵母之分，声母与韵母拼读，前面声母后面韵母。

（二）26 个字母在自然拼读中的基本发音

Aa 发/æ/音，如/æpl/applc，/ænt/ant。

Bb 发/b/音，如/bæg/bag，/bæd/bad。

Cc 发/k/音，如/kæt/cat，/kæp/cap；或发/s/音，如/siti/city，/sel/cell。

Dd 发/d/音，如/dæd/dad，/dæm/dam。

Ee 发/e/音，如/bed/bed，/desk/desk。

Ff 发/f/音，如/fæt/fat，/fed/fed。

Gg 发/g/音，如/gæb/gab，/get/get。

Hh 发/h/音，如/hæt/hat，/hænd/hand。

Ii 发/i/音，如/big/big，/dig/dig。

Jj 发/dʒ/音，如/dʒæm/jam，/dʒeli/jelly。

Kk 发/k/音，如/ketl/kettle，/kis/kiss。

Ll 发/l/音，如/læb/lab，/lift/lift。

Mm 发/m/音，如/mæp/map，/mis/miss。

Nn 发/n/音，如/næp/nap，/net/net。

Oo 发/ɔ/音，如/bɔx/box，/fɔx/fox。

Pp 发/p/音，如/pig/pig，/pɔp/pop。

Qq 发/kw/音，如/kwestʃən/question，/kwik/quick。

Rr 发/r/音，如/ræt/rat，/red/red。

Ss 发/s/音，如/sæm/Sam，/sit/sit。

Tt 发/t/音，如/tæg/tag，/tip/tip。

Uu 发/ʌ/音，如/kʌp/cup，/hʌg/hug。

Vv 发/v/音，如/vest/vest，/vʌm/vum。

Ww 发/w/音，如/wæks/wax，/wet/wet。

Xx 发/ks/音，如/ɔks/ox，/bɔks/box。

Yy 为半元音，做辅音时发/j/音，如/jæm/yam，/jʌm/yum；做元音时发/i/音，如/hæpi/happy，/jʌmi/yummy。

Zz 发/z/音，如/zæg/zag，/zip/zip。

五、小学英语教学中自然拼读的应用

（一）在单词中讲解自然拼读

通过语音迁移，掌握单词的读音是学习单词的第一步。教师可以通过引导学生回想已经学过的包含相同字母的单词，帮助学生发现这些单词的读音规律，让学生尝试朗读单词，并掌握同类单词的读音规律。既能复习旧单词，又能学习新单词，使学生学会正确朗读单词的方法。例如，在教学译林版英语六年级 Unit 1 “The king's new clothes”时，学生阅读故事时遇到生词“foolish”，部分学生可以由“fool”的发音联想到“foolish”的读音，然后教师让学生回想所学的包含“oo”的单词。学生列举“room，school，book，look，cook，good，too，food，zoo”等。教师将学生列举的单词分类，如发短音[u]：good，book，look，cook；发长音[uː]：too，zoo，room，school，food。学生按照教师的分类，推测出“foolish”中的“oo”应该发长音[uː]，从而正确地读出“foolish”的读音。

（二）在听说中累积自然拼读

要促进小学生学好英语，就要对英语有大量的感知，因此要不断输入英语信息，比如一些英文版儿歌、动画片及英语故事等，促使小学生的语音意识与辨音能力得以增强。例如，在新标准英语三年级上册“We are making a cake”的教学过程中，就可以不采用语法讲解的方式教学生现在进行时的结构和用法，而以儿歌形式进行渗透：“walking walking walking，running running running，now let us stop”，通过带领学生做正在走、正在跑的动作，使他们在做动作时体会现在进行时的用法以及“ing”的发音。

（三）在游戏中渗透自然拼读

教师在教学过程中，可以采用唱英文儿歌、说绕口令等形式，将学生吸引到英语学习中来，巩固他们的发音。例如，在学习字母“b”的书写和发音时，就可采用绕口令的形式进行训练：“A big black bug bit a big black bear on his big black nose”。学生在说唱中充满欢笑、乐于学习，也掌握了“b”的发音规则。

六、自然拼读教学设计

教学课题：Aa、Bb、Cc、Dd 的自然拼读。
教学内容：
(1) 英语字母拼读规则。
(2) Aa、Bb、Cc、Dd 的发音规则。
(3) Aa、Bb、Cc、Dd 在单词中的拼读。
教学目标：
(1) 了解英语字母拼读规则。
(2) 掌握 Aa、Bb、Cc、Dd 的发音。
(3) 能够拼读 Aa、Bb、Cc、Dd 开头的简单单词。
教学步骤：
Step One：Warming-up
教师带领学生演唱儿歌：

Apple round, apple red
Apple round, apple red
Apple juice, apple sweet
Apple apple, I love you
Apple sweet, I love to eat.

Step Two：Presentation

(1) 讲解英语字母拼读规则。汉语拼音中有声母韵母，前声后韵。英语字母中有辅音元音，辅音和元音相拼读，拼读规则：一辅一元，前辅后元。英语中元音字母有 Aa、Ee、Ii、Oo、Uu。

(2) 认识字母 Aa、Bb、Cc、Dd。教师带领学生朗读四个字母，并通过大小声、长短音等游戏带领学生练习字母发音。教师讲解四个字母的书写方法，学生在本子上练习。

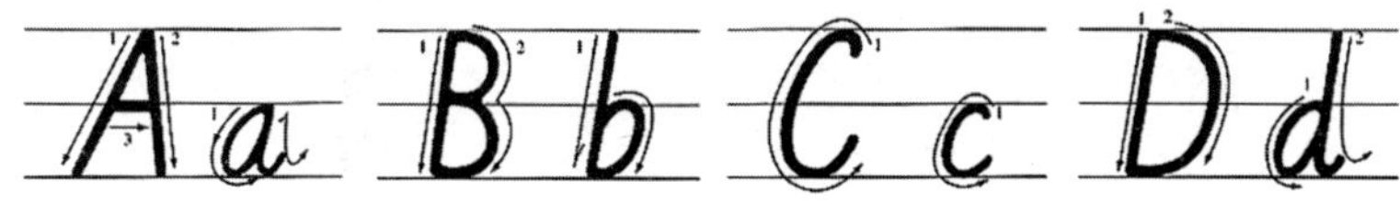

(3) 学习字母 Aa 的自然拼读规则。教师利用 chant 形式带领学生学习：

Aa says/æ/, /æ//æ//æ/　apple

Aa says/æ/, /æ//æ//æ/　ant

(4) 学习字母 Bb 的自然拼读规则。首先讲解字母 Bb 的发音规则，以 Bb says/b/, /b//b//b/的歌谣形式帮助学生记忆。然后带领学生拼读单词 bag, bad: b + a + g = bag/bæg/, b + a + d = bad/bæd/。最后形成字母 Bb 的拼读 chant：

Bb says/b/, /b//b//b/　/bæ/bag

Bb says/b/, /b//b//b/　/bæ/bad

(5) 同样方法学习字母 Cc、Dd 的自然拼读规则：

Cc says/k/, /k//k//k/　/kæ/cat

Cc says/k/, /k//k//k/　/kæ/cap

Dd says/d/, /d//d//d/　/dæ/dad

Dd says/d/, /d//d//d/　/dæ/dam

Step Three: Practice

(1) 看词能读：教师出示单词"cab"，学生尝试将其读出。

(2) 听音能写：教师朗读"cat""bag""dad""bad"，学生根据发音写出正确的单词。为降低难度，教师可先让学生写部分字母，如提供"c_t"，学生只需写"a"。等学生逐渐熟练后，过渡到写整个单词。

Step Four: Summary

学生以朗读背诵 chant 的形式，总结本课所学内容。

Step Five: Homework

学生尝试拼读平时所遇单词。

案例分析：本课案例详细展示了如何向学生教授字母的拼读规则，根据同样的方法，教师可以很容易地掌握 26 个字母的自然拼读教学方法。案例中采用 chant 形式帮助学生记忆新学知识，使单调的发音变得具有韵律性和趣味性，更容易激发学生的学习兴趣，取得良好教学效果。看词能读和听音能写的小练习有助于及时巩固所学规则，同时学生在朗读或拼写正确时，可以获得巨大的自信心，让学生更加直观地体会到自然拼读的用处。

需要注意的是，讲解字母在单词中的拼读规则时，选择单词应充分考虑到学生的已知知识，尽量选择含有学生已经学过的字母的单词。如讲到字母"Ee"的拼读时，尽量选用单词"bed"，而不要选用"net"。

第六章　漂亮地写，高效地用

字母是英语教学的开始，是英语学习的基础，是儿童英语教学中相对比较简单的内容。写作作为重要的输出环节，是英语学习的最高阶段，是儿童英语教学中相对比较难的内容。在英语教学实践过程中，这两部分教学内容常被教师忽略或省略。本章对英语字母教学、写作教学的方法和技巧等进行了阐述，以期引导教师更好地帮助儿童打下坚实基础，达到较高输出水平。

第一节　井然有序的字母家族

英语由 26 个字母组成，字母是记录语言的文字符号，又是英语 48 个音素的发音基础，是构成英语单词、句子和文章的最小单位。英文字母的学习是儿童学习英语的开始，字母习得的效果直接影响着将来的单词记忆、句子学习，甚至是语言的习得方式和思维方式。帮助儿童有效掌握英文字母，对于树立其英语学习兴趣，提高其英语学习自信具有重要作用。

在开展儿童英语教学的实践过程中，很多教师忽略了英语字母教学的重要性。如教师仅仅教会儿童英文字母的读音、写法，要求儿童按照顺序背诵默写，认为这样就已经达到了字母的教学目的。然而，这样教学达到的效果是儿童把英文字母单纯当作独立的符号来记忆，不能与单词、句子、文章结合起来。

一、字母教学的过程

（一）边看边听，获取对字母的初步印象

教师首先展示字母卡片，示范发音，学生观察口形，了解发音要领。教师发音要用正常语速反复读，音频由低到高。然后教师利用体态语演示法、对比法、联想法等引导学生观察字母形状。教师的动作可以夸张，让学生印象更加深刻。

（二）边看边听边说，形成对字母的立体印象

鼓励学生小声地模仿、跟读，声音由小到大，由慢到快。可以采取各种游戏形式，如师生的高低声对比、升降调对比、集体与个体活动穿插、师生对换角色等。另外，可以让发音准确、口形标准的儿童扮演教师来演示和领读。

（三）边看边听边说边写，留下对字母的深刻印象

教师首先讲解正确的书写姿势，然后讲解笔顺、起笔落笔、占格和倾斜度等。学生先跟写，然后自己写，再互相传阅对比学习，最后写出标准漂亮的字母。教师需引导学生注意区分形近的大小写字母，如 B-R，W-M，Q-O；p-q，d-b，e-c，f-t 等。到一定阶段的时候，教师要让学生能在没有四线格的一条线上，甚至是没有任何线的白纸上也能正确地表示出字母的书写格式。

（四）边看边听边说边用，掌握字母的完整体系

教师举例字母在学科和生活等方面的应用，如电视 TV，中央台 CCTV，肯德基 KFC，停车标记 P 等，并让学生举例。教师可将字母和单词放在一起，利用自然拼读法讲解，如 a a a，a for apple；b b b，b for banana。通过对字母应用的学习，让学生体会到字母的基础作用，加深对字母的重视，更好地掌握字母。

二、字母发音教学的方法和技巧

（一）注重示范发音的正确性

多听录音，纠正好自己的发音。让学生听磁带跟读，观察他们的口形，并鼓励模仿得好的学生示范领读，帮助其他同学纠正发音。重点强调双元音字母的发音，如字母“Ii”，一定要到位，牢记双元音的三条发音要领：前长后短；前重后轻；前清晰后模糊。

（二）把握学生的发音难点

受各地方言的影响，学生对字母的发音往往会出错。比如南方人容易把 A 读

成/e/，济宁人容易/s//ʃ/不分，大部分学生“Gg”“Jj”混淆。教师要把握好学生发音难点，预先采取各种教学方法防止错误发音。

（三）注重读音归类教学

把字母按读音进行分类是字母读音教学的一个重要任务，也是学生觉得有一定难度的内容，教师可以采用趣味性的方法帮助学生加深记忆。例如 26 个字母中元音字母可以归为一类，分别是“Aa，Ee，Ii，Oo，Uu”；含有相同音素的字母可以归为一类，如“Aa，Hh，Jj，Kk”都含有/ei/，“Bb，Cc，Dd，Ee，Gg，Pp，Tt，Vv”都含有/iː/。

为了使学生能更好地掌握，可以编成一首音素家族 chant 帮助学生记忆：A、H、J、K 是 A 家族，A，A 是族长；E 的家族有八位，BCDE，GPTV，E，E 是族长。也可以编成歌谣：/ei/音四家族：Aa，Hh，Jj，Kk；/iː/音八大家：Bb，Cc，Dd，Ee，Gg，Pp，Tt，Vv；/e/音七颗星：Ff，Ll，Mm，Nn，Ss，Xx，Zz；/ai/音姐妹俩：Ii，Yy；/juː/氏兄弟：Uu，Qq，Ww；Oo，Rr 各自玩。

（四）注重语音暗线的铺垫

字母读音和字母例词的安排是一条语音暗线，教师教学时要努力让学生掌握字母的正确读音，并初步感知字母在例词中的读音，为以后学习语音奠定基础。比如讲到字母 Ee 时，例词是 egg，elephant，教师可突出字母 E 的发音，为以后的语音学习打好基础。

三、字母形状教学的方法和技巧

（一）儿歌法记住字母形状

字母形象歌谣

大写的 A 像圆规，小写的 a 像蜗牛。
B 像耳朵听声音，小 b 像 6 直起腰。
弯弯月亮大小 C，只是大写个头高。
D 像月饼切一半，右手拿起是小 d。
E 像山字向右偏，小 e 像只小眼睛。
F 像菜刀缺了口，小写的 f 像镰刀。
G 像一座圆宝库，小写的 g 像蝌蚪。
H 像河上独木桥，小写的 h 像椅子。
I 像甘蔗砍一段，小 i 长大就是“我”。
J 像一个长铁钩，小 j 就是大 J 加个点。
大 K 小 k 样子像，都是一挺机关枪。

大 L 是把大锄头，小 l 就是长棍子。
大写的 M 像峡谷，小写的 m 像梳子。
大写的 N 像滑梯，小写的 n 像拱门。
O 像鸭蛋滚一边，小写也是一个圈。
大 P 小 p 一个样，圆形旗子迎风飘。
Q 像小蛇出蛋壳，小 q 就像数字 9。
R 像门板要倒下，小 r 就像一棵草。
S 像长蛇在爬行，小蛇也学大蛇走。
大写的 T 像铁锚，小写的 t 像鱼钩。
大 U 小 u 像水杯，小 u 加个小尾巴。
大小 V 一个样，胜利手势摆出来。
V 和 V 手拉手，组成大小 Ww。
大小 X 一个样，作业大把小 xx。
Y 像一个大树杈，小 y 弯弯把根扎。
大 Z 小 z 一个样，都像数字 2 拉直。

（二）对比联想法区分形近字母

字母的书写首先要求学生能正确区分形近字母，教师可以让学生展开想象，把握形近字母特点，串成歌谣，帮助学生记忆。如 d 和 b，“一把剪刀分两半，左下圆圈 ddd，右下圆圈 bbb”；u 和 n，“开口朝上 uuu，开口朝下 nnn”；m 和 n，“一道门儿是 n，二道门儿是 m”。有些字母可以通过猜谜的方法让学生记住它们的形状特点。例如一座宝塔（A）、1 加 3（B）、弯弯的月牙（C）、一条小蛇（S）、三岔路口（T）、胜利的象征（V）、大号鱼钩（J）、一张弓（D）、一扇小门（n）、一棵小苗（r）、一把椅子（h）。这些谜语既能让学生记住字母的形，又能激发学生的学习兴趣。也可以让学生自编谜语学习字母，充分发挥学生的想象力。另外，还可以将字母的一部分遮住，让学生根据漏出部分来猜字母。

（三）游戏法加深形状记忆

教师可以带领学生做“Make letters”游戏，让学生制作字母卡片，用肢体动作表示不同的字母，或让学生用火柴棒拼出不同字母的形状等。

四、字母书写教学的方法和技巧

（一）字母书写教学要求

(1) 英文字母书写要略右倾斜，倾斜角度约 5 度，斜度要保持一致。

(2) 字母之间的间隔要均匀适中，一般间隔一个字母的空。字母大小均匀，形体圆润、工整。

(3) 区分手写体和印刷体,掌握手写体的标准写法。

(二) 字母的格式教学

(1) 使用四线三格,四线分别为顶线、主体线、基准线、底线。顶线是字母的上沿,底线是字母的下沿,所有字母必须在两线中间位置,不能超出。主体线是小写字母的上沿,基准线是大写字母和无下伸部分小写字母的下沿。大写字母占据第一二格,高度一致,不顶顶线。小写字母主体部分占据中格,下伸部分占据下格,上伸部分和点都在上格。

(2) 字母的占格是重点,字母的大小写混在一起的时候,学生很容易混淆。这时,教师要先清楚示范,提醒学生注意并总结字母占格的规律。在学生掌握了字母的占格规律后,还要通过活动手册上的描红来加强练习。讲解字母占格的规律。在四线三格中,占中格的字母有:a, c, e, m, n, o, r, s, u, v, w, x, z;占中上格的字母有:b, d, h, i, k, l, t;占中下格的字母有:g, p, q, y;占上中下格的字母有:f, j。为了让学生更好地掌握,可以编成歌谣:字母书写有规律,大写一律中上格,小写字母注意看:头上有"辫"中上格,下面有"尾"中下格,无"辫"无"尾"中间格。

(三) 字母的笔顺教学

教师要对容易出错的笔顺进行比较细致的指导。如 i 和 j 都是后加点,t 先写钩,H 先两竖等。建议教师不妨采用汉语拼音的教法,使用一些形象的比喻,帮助学生理解记忆书写规则,防止笔画出错。比如:H 是一双筷子拴根线,j 是海豹顶皮球,i 是小海狮头上顶个球,t 是伞把带开关,F 就是一面旗先插旗再竖杆等。

五、字母应用教学的方法和技巧

(一) 生活中的字母

在教学中教师要让学生体会到学习字母的重要性,即搞清楚为什么要学习字母,及学习字母的用途是什么。学生在教师的指导下,把生活常识和字母学习紧密结合,明白了许多知识来源于生活,这样逐步学习积累,不但印象较深地记住了字母,还有了一定的学习成就感和自信心。常用的缩略语有:服装尺码字母,L(大号),M(中号),S(小号),XL(特大号);马路上的停车标志"P";厕所标志"WC";电器上的"ON/OFF";肯德基的"KFC"。还有 IQ,CAN,UK,USA,PRC,UFO,WTO,am,pm 等。

(二) 学科中的字母

新课程理念提倡多学科教学融合,教师可以引导学生将不同学科的知识运用到英语中，让学生到不同学科中去寻找和运用英语，培养学生的综合实践能力。如数学中常用 s(面积)，x(未知数)，r(半径)，g(克)等；综合实践课中，认识地图时常用字母表示方位，S(南)，N(北)，W(西)，E(东)；音乐中，用 F，MF，MP，PP 作为音乐的力度记号，分别表示强、中强、中弱、弱等；计算机中，键盘、邮箱等都用到英语字母。通过寻找和发现，学生意识到英文字母的运用无处不在，在不同地方见到字母时，对字母产生亲切感、熟悉感，处处获得学习的成功感。

六、英文字母教学案例

教学内容：

人民教育出版社教材(PEP)三年级下册 Unit 1 “Welcome back to school” Part A. Let's say。

教学目标：

(1) 能听、说、读、写字母 Aa—Ee。

(2) 能听懂、会说以这 5 个字母为首的单词：apple，ant，boy，bag，coke，coffee，duck，dog，egg，elephant。

教学重难点：

教学重点：听、说、读、写字母 Aa—Ee，并能听懂、会说以这 5 个字母为首的单词。

教学难点：正确书写字母 Aa—Ee。

教学步骤：

Step One：Warming up

(1) Greetings.

(2) Free talk.

T：Hello，I'm Miss Wang. What's your name?

S1：Hello，I'm Mary.

T：Nice to meet you!

S1：Nice to meet you，too!

T：Goodbye!

S1：Goodbye!

(3) Sing a song：

Hello Hello How are you

Hello Hello Hello Hello

Hello Hello How are you

Hello Hello Hello Hello

Hello Hello How are you

Hello Hello Hello Hello
Hello Hello How are you
Thank you thank you I'm fine
And I hope that you are too

【设计意图】 通过打招呼和唱儿歌,拉近师生距离,让学生乐于走进英语课堂,敢于用英语表达。

Step Two: Presentation

(1) 字母读音教学:教师示范朗读,学生听音观察。

T: Boys and girls, look here. I have a card, I have a letter A.

First, listen. Aa. Ok, look at my mouth. (教师领读,强调听和观察嘴型,学生跟读)

T: Now, follow me.

Ss: Aa.

T: Read one by one.

(2) 字母书写教学:教师书写,讲解写作要领,学生观察。

T: Look at the board, please. Let's write Aa. The big letter A. The small letter a. One, two, three. OK.(教师书写,学生书写)

T: Show me your finger. The big letter A. One, two, three.

T: Show me your finger. The small letter a. One, two, three.

(3) 单词教学:

T: I have a picture. What's this?(板书 2 个单词)

Ss: Apple and ant.

T: Read after me. Read one by one.

教师用同样方法教授字母 Bb、Cc、Dd、Ee。

【设计意图】 通过读音教学、书写教学、单词教学环环相扣、层层递进,帮助学生掌握字母的发音和形状,同时了解字母的应用。

Step Three: Consolidation

(1) Fun read.

学生用升降调朗读字母,chant 形式朗读单词,如 a a a for apple, a a a for ant; b b b for boy, b b b for bag ... 。

(2) Play a game "Find friends".

T: You did a good job. Let's play a game. I have a big letter A. Where is my friend, small letter a?

S1: Here.

T: Oh, you are my friend.(给一个拥抱)

教师示范后,学生分小组进行"找朋友"游戏。

(3) Play a game "Find neighbors".

T: If you see b, please find a or c. If you see d, please find c or e.

(4) Do exercises "Write the letters".

【设计意图】 用 chant 将字母和单词联系起来,方便学生记忆。通过"找朋友"和"找邻居"两个游戏加深学生对字母大小写和相邻字母的认识,帮助学生更好地掌握本节课的重点和难点。

点评:字母教学是儿童学习英语的开始,看似容易,实则困难。儿童刚刚开始接触英语字母,对他们来说比较陌生和困难,教师通过先发音再书写,先观察再模仿的形式一步步将内容呈现给学生,降低了儿童学习的难度,有助于儿童打下良好的英语基础。

在教学过程中还需要注意英文字母与汉语拼音的区别,教师需要思考如何帮助学生建立英语思维。本案例中教师通过 chant 将字母和单词融于一体,当学生回忆字母的时候迅速想到的是英语单词,英语思维的能力在不知不觉中得到提升。

第二节　简短有效的写作

在语言学习过程中,听说读写密不可分,即使在英语教学的初级阶段,听说读写也是相互联系、相互制约的。听说先于读写,"写"是语言学习的最高阶段,是语言行为发展的必然,缺少了"写",英语教学就难以达到理想的效果。"写"既是英语教学要达到的目标之一,也是重要的教学手段。在培养学生英语综合素质过程中,写作教学作为重要的输出环节具有非常重要的地位。

一、儿童英语写作教学的意义

儿童英语教学中,"听说读"是重点,但"写"也必不可少。在实际教学中,写作教学因为很多原因常常被忽略。在众多教师观念中,认为写作训练费时费力;写作作业难以批改;写作教学枯燥,易降低课堂活力;写作对于儿童难度较大等。然而,儿童英语语言能力的发展是综合性的,听、说、读、写四项能力密切相关、互相促进、互相制约。任何一项能力的滞后发展都会对其他能力的发展造成不良影响。

"听""读"是理解和领会别人表达的思想,属于语言输入,通过"听""读"儿童学习掌握英语词汇及其表达方式。"说""写"是用言语表达自己的思想,属于语言输出,通过"说""写"儿童能够应用英语进行交流。输出是语言学习的最终目的,没有输出,交流也就无从谈起。"写"的能力需要在"听""说""读"的基础上进行培养,同时"写"的训练又能进一步提高"听""说""读"的能力,互相渗透。

二、儿童英语写作教学的目标

写作在儿童英语教学阶段是薄弱并且常被忽略的一项，教师需要了解儿童英语写作教学需要达到的目标。《小学英语新课程标准（最新修订版）》中明确提出写是小学英语教学和学习的基本技能之一。语言技能一级目标（三、四年级达到此目标）中将读写放在一起，关于写只提到"能正确书写字母和单词"。语言技能二级目标（五、六年级达到此目标）则提出了明确的写作要求："(1) 能模仿范例写句子；(2) 能写出简单的问候语；(3) 能根据要求为图片、实物等写出简短的标题或描述；(4) 能基本正确地使用大小写字母和标点符号。"总体来说，该标准对写作能力的要求不高，符合对英语初学者写作能力的要求。

儿童英语教学要培养儿童乐于书写英语，乐于用书面语言表达意思，能够根据所学内容仿写句子，根据提示表达基本信息，书写基本规范。

三、儿童英语写作的主要问题

（一）句子中大小写的问题

儿童虽然能够掌握英语大写字母和小写字母，但在实际应用中会出现比较大的困难，因为汉字没有大小写之分。所以儿童在书写英语句子时，常常存在难以把握大小写的问题。

（二）单词空格和单词分家的问题

英语的写作特点是一个单词相当于一个汉字，代表一个意思，一个单词是一个整体，中间不能空格，单词与单词之间需要空格。而汉语的写作特点是字挨着字，字与字之间没有空格。有的儿童会按照汉语习惯写英语，所有单词挤在一起，难以区分。而有的儿童又会空格太多，将字母当成单词，每个字母之间空格，成了分散式。如"I like playing basketball"这个句子，学生会写成"Ilikeplayingbasketball"或者"I l i k e p l a y i n g b a s k e t b a l l"。

（三）想写与能写的矛盾

正如儿童广泛存在想说和能说的矛盾一样，儿童也存在着想写和能写的矛盾。大龄儿童已经具备了比较强的汉语写作能力，能够自由流畅地用汉语书写自己的思想，写指定主题的作文。因此他们渴望尝试用英语来表达思想，来进行英语的小写作，但是他们英语语言词汇的积累还比较有限，掌握的写作结构有限，还不能做到自如的应用。

（四）句式表达的错误

儿童受母语的影响，常常按照汉语思维书写英文句子，按照汉语句式顺序翻译英语，所写句子不符合英语语言习惯，出现各种表达错误。

四、儿童英语写作教学的步骤

（一）在语句层面书写

从语句层面开始学习书写，使儿童一开始就学习大小写的区别，有助于学生尽快掌握大小写的有关规则，有助于学生掌握与汉语不同的英语标点符号，同时有助于学生更好地掌握英语的语言结构。学生潜移默化地接触词性、了解不同单词在句子中的位置，为今后句型替换、独立书写打下基础。

（二）先模仿写再独立写

儿童应该首先模仿、抄写所学语句，在此基础上逐渐替换单个词到替换短语，模仿写出一个结构相同的语句。如通过模仿“This is my mother. She's a nurse”，能够写出“This is my sister. She's a student”。

儿童具备仿写课文句子的能力后，可以练习扩写。在所学句子结构的基础上，通过添加单词写出长度更长意思更多样的句子。如 This is a book→This is my book→This is my English book→This is my new English book→This is my new English book about London。

（三）先口头陈述再书面写作

对于儿童来说，其英语的听说能力要高于读写能力，对其听说能力的要求也更高。因此我们可以借助于听说，服务于读写。教师可引导儿童先进行口头表达，然后根据口头表达内容进行书面写作，书面写作是口头表达的完善和补充。这样的教学方式有助于发挥基础较好同学的示范和引领作用，帮助学生克服内容难点，消除对写作的畏难情绪。

五、儿童英语写作教学的策略

（一）掌握基础知识和技能，奠定写作基础

1. 多种途径积累词句

没有广泛的词句积累就难以写出想要表达的语言文字，词句积累是儿童英语水平提高的基础。首先，教师可运用多种趣味教学手段激发学生对词句学习的兴趣，如“猜谜法”“故事法”“实物法”“简笔画法”等。其次，教师应教会学生记忆词句

的方法和策略。如将单词按照动物、颜色、食物等进行分类记忆；将"day，yesterday，Monday，Tuesday，Wednesday"等词根相同的词进行对比记忆；通过同义词、反义词、同类词等进行联想记忆。再次，朗读背诵重点句型和文章，进行抄写和默写。

2．感知句法结构

在英语教学中不适合较早对儿童讲解语法知识，但并不代表不让儿童接触句法结构。儿童通过句型替换、连词成句等练习了解单词词性，了解单词在句子中的位置关系和价值。同时通过句子对比自然掌握人称变化、常用时态等，如儿童通过朗读背诵句型"What do you like? I like playing basketball. What does Mike like? He likes playing football. What does Lingling like? She likes playing piano"，可以掌握人称和数的变化，体会到动词的重要性。

3．形成英语思维

英语的表达方式与汉语有很多不同，教师应有意识地引导儿童发现、比较英汉思维的差异，避免写出类似"Good good study，day day up"的汉式英语。培养儿童洞察文化差异的自觉意识，使其逐步养成用英语思维的习惯，最终达到逐步用英语写作的目的。

（二）合理采用写作训练方法

1．句子重组训练法

以译林出版社五年级上册 Unit 8 "At Christmas"为例。学生学习完课文内容后，教师将课文内容略加改变、打乱顺序，做成排序题，让学生通过自主探究或小组合作形式完成排序，并将句子组成一段话，描述圣诞节的准备过程。

(　)We put some pretty things on the Christmas tree.

(　)Wc wakc up carly and opcn our prcscnt.

(　)We buy presents for our family and friends. We also buy a Christmas tree.

(　)We put stocking on our beds and wait for presents.

学生完成后进行口头表达，教师点评并修正答案。教师在此基础上给出顺序词 first，next，then，finally 和时间词 Christmas Eve，Christmas Day，同时提醒学生大小写的变化，让学生加入文本润色，写出一篇 How to prepare for Christmas 的小短文。

How to prepare for Christmas

First，we buy presents for our family and friends. We also buy a Christmas tree. Next，we put some pretty things on the Christmas tree. Then，Christmas Eve comes. We put stocking on our beds and wait for presents. Finally，it is Christmas Day. We wake up early and open our present.

2. 拓展写作训练法

学生通过在简单的句子上逐渐添加词(如形容词、代词、连词、名词等)的做法,能够写出比较长的句子。如在掌握写句子“This is a book”的基础上逐渐写出:This is my book. This is my English book. This is my new English book about London. 到组成短文:I have many new books. This is my new English book about London. That is my new Science book about stars.

3. 问答写作训练法

教师设计一系列问题,引发学生思考并回答。当学生回答完所有问题后,把所有的问题串联起来就是一篇完整的小短文。学生在回答问题时,教师可以给予词汇、短语或句型提示,提高学生遣词造句的能力。

4. 话题讨论写作法

提高学生的口头表达能力对于写作技能的培养至关重要,教师可以提供一个话题,学生围绕话题进行小组自由谈话,表达自己的思想和感受。这样既锻炼了学生的听说能力,又能锻炼其想象力和创造力,为下一步的写作打下基础。然后教师要求学生在规定时间内完成写作,有利于训练学生敏捷的思维能力,并养成良好的学习习惯。

如教师抛出问题“What do you like to do in your free time?”,学生进行头脑风暴,写出关键词。

图 6.1 “What do you like to do in your free time?”头脑风暴图

然后学生通过整理关键词,写成小文章。头脑风暴可以让学生有话可说、有话可写,做到有的放矢。

My free time

In my free time, I often watch videos. I like doing sports, so I usually play basketball. Sometimes I meet friends or play computer games.

5. 结构模仿写作法

儿童应该首先模仿抄写所学语句,在此基础上逐渐替换单个词到替换短语,模仿写出一个结构相同的语句。如通过模仿“This is my mother. She's a nurse”,能够写出“This is my sister. She's a student”,通过模仿“I have an animal friend. It is white. It has four legs and a short tail. It has big ears. It can run and jump”,

能够写出“I have an animal friend. It is yellow. It has two legs and a long tail. It has a big mouth. It can talk and fly”。

（三）有效利用多种辅助手段降低写作难度

1. 利用课本插图

图片可以引导儿童建立联想，帮助其复述课文内容或自由表达，降低表达的难度。儿童在口头陈述的基础上尝试进行书面写作，赋予了书面写作具体化、形象化的含义，更容易被儿童接受。

如外研社教材四年级英语下册 Module 2 Unit 1 London is a big city “Practise”这一环节，可以采用如下教学片断带领学生练习。

图 6.2　外研社版四年级下册 Module 2 Unit 1 课本插图

Step one：Show pictures

T：Look at these pictures. How many pictures can you see?

S：4.

Step Two：Talk about Picture 1

T：Can you ask some questions?

S：What's this?

Ss：This is a book about London.

Step Three：Talk about Picture 2

T：Is London a big city?

S：Yes，London is a big city.

Step Four：Talk about Picture 3

T：What's this?

S：This is Buckingham Palace. It's very big and beautiful.

Step Five：Talk about Picture 4

T：What's this? Is it your house?

S：This is my house. My house is very small but it's beautiful.

Step Six：Retell the passage in groups

Step Seven：Write down the passage

This is a book about London. London is a big city. This is Buckingham Palace. It's very big and beautiful. This is my house. My house is very small but it's beautiful.

儿童对图片进行复述的过程既是一个语言理解和积累的过程，也是语言知识内化的过程。复述过程中，学生会努力将课文语言习得为自己的语言，增强了对语言的感知能力，也积累了一定数量的写作表达素材。口头表达能力提高了，英语写作也就变得容易了。

2. 利用表格

牛津小学英语教材中有许多调查表格，这些表格的设计目的主要是帮助学生操练1～2个重点句型。我们可以利用表格内容对学生进行写作训练，将表格中所体现的内容组成句子，形成小短文。如对五年级"Hobbies"这一课，有这样的表格：

表 6.1 "Hobbies"调查表

hobbies	Lily	…	…	…
taking photos				
collecting stamps	√			
making model ships				
making model planes	√			
…				

学生可以通过问题"Do you have any hobbies?"对自己的朋友进行调查。在搜集素材填写表格的基础上，学生可以"My good friend"为题，以"He/She likes doing"结构进行拓展写作。

3. 利用思维导图

以下是来自五年级教材的单元话题里面的一个命题作文：

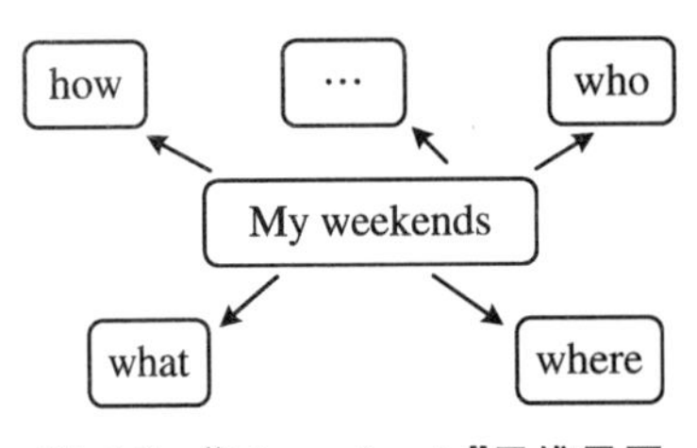

图 6.3 "My weekends"思维导图

你平时周末会去哪里？和谁在一起？做些什么？请根据下面的关键词提示，介绍你的周末活动，不少于5句话。

在单元教学中，教师根据文章内容设计问答，利用板书，充分发挥思维导图的优势，帮助学生形成写作的整体框架：以话题为中心，以"Wh-"词为内容辐射相关的 key words，从人物、事件、时间、地点、感受等方面进行表达。学生也可以自己设计文本理解式的思维导图，提高理解能力和概括能力。思维导图帮助学生在写作时有据可依、有理可查，进而做到不偏题、不离题，准确有序地进行英文书写。

（四）注重课外阅读，丰富写作素材

写作需要足够的语言积累，没有足够的语言输入，语言输出就是纸上谈兵。阅读是写作的基础，写作是阅读的结晶。儿童课堂学习时间有限，教师应引导学生进行课外阅读、拓展知识面，如阅读英语绘本、英文故事、英文短剧等，培养学生养成良好的阅读习惯，通过大量的阅读积累，达到丰富写作素材的目的。现在很多教师乐于采用“磨耳朵”的形式来锻炼儿童听力，可以借鉴采用“磨眼睛”“磨嘴巴”的形式让学生阅读英语素材并进行朗读，为写作打下基础。

六、儿童英语写作教学案例分析

依据人民教育出版社教材（PEP）英语五年级下册 Unit 1 设计的读写课教学案例。

教学步骤：

Step One：Warming-up and lead-in

T：Look at me. Here's a clock.（展示教具钟表）

T：Let's sing a song together：

Tick Tock　Tick Tock　Tick Tock Time

Tick Tock　Tick Tock　Tick Tock Time

T：What time is it?（教师转动表盘，展示不同时间并询问，学生依次说出时间）

S：It's 1 o'clock.

……

It's 9 o'clock.

【设计意图】　通过教具和歌曲，教师带领学生愉快地进入英语课堂，激发学生说英语的兴趣。并通过谈论时间，激活学生思维，为本节课的新知学习做好铺垫。

Step Two：Pre-reading

T：Look at the picture. Who is he ?

S：He is Petro. He is from Spain.

T：When do you finish class in the morning? Do you want to know when Petro finish class in Spain?（学生预测猜想 Petro 的放学时间）

【设计意图】　通过对比猜想，勾起学生对了解其他国家学生上学、放学时间的兴趣，加深文化对比。同时在预测中铺垫课本的句型，解决部分影响学生阅读的单词，帮助学生降低阅读难度。

Step Three：While-reading

（1）教师以问题引导学生整体阅读课文：

T：When does Petro finish class in the morning?

When does Petro go back to school after lunch?

When does Petro usually eat dinner in Spain?

引导学生用英语回答问题：

S：We finish class at 1 o'clock.

We go back to school at 2:30.

We usually eat dinner at 9:30 or 10 o'clock.

【设计意图】 采用任务教学法，学生带着问题阅读课文，可以很快捕捉到文章中的时间信息。教师在指导学生阅读时，注重用英语来进行课文内容的讲解，这样有助于学生灵活运用所学知识，培养学生用英语思维的能力。

(2) 问题深入，推进阅读。

T：When do classes start?

S：Classes start at 3 o'clock.

T：Can you guess when Petro eat lunch?

S：At 1:30.

【设计意图】 通过 scanning 发现细节，加深对课文的理解。通过预测时间，既可以考查学生对课文的理解程度，又可以与后面"eat dinner"的时间形成对比，有助于形成完整的时间线。

(3) 听读结合，课文巩固。

Listen and imitate.

Fill in blanks.

We ______ at 1 o'clock. We ______ at 2:30. Classes start at 3 ______. We usually ______ at 9:30 or 10 o'clock.

【设计意图】 听录音，跟读模仿，然后进行课文填空以及根据表格复述，有助于帮助学生掌握文本，关注重点词汇，基础知识掌握更加扎实。

Step Four：Post-reading

(1) 提供素材，口语表达。

When do you finish class in the morning?

When do you eat lunch?

When do you go back to school after lunch?

When do you finish class in the afternoon?

When do you usually eat dinner?

【设计意图】 在对课文内容有了一定的理解掌握后，引导学生谈论自己的生活习惯，可以采用师生范例、同桌对话、小组讨论、班级游戏等方式进行口头表达，为接下来的写作做好准备。

(2) 写作指导，关注技能。

Fill in blanks.

I finish class in the morning at ______.

I eat lunch at ______.

I go back to school after lunch at ______.

I finish class in the afternoon at ______.

I usually eat dinner at ______.

Write a short article "My Day".

My Day

I finish class in the morning at 11:30. I eat lunch at 12 o'clock. I go back to school after lunch at 1 o'clock. I finish class in the afternoon at 4 o'clock. I usually eat dinner at 6 o'clock.

【设计意图】 学生通过填空题整理出自己的时间表，然后加上题目，形成一篇与本单元课题相同的作文。学生在不知不觉中学会写作、掌握写作技能，降低了写作的难度，消除了对写作的畏难情绪。

Step Five: Summary

Students summarize the main contents and key points.

Step Six: Homework

Make a survey about the class hours of other country.

点评：很多教师通常会在学生动笔写的时候才会关注对学生写作能力的指导，正确的思路应该是将写作指导渗透在听说读写的各个环节，渗透在教学活动的始终。本节课在学生理解课文基础上，让学生写出本节课的重点和难点——动词短语。通过对动词短语的反复提问、回答和书写，帮助学生较快掌握关键短语，掌握重难点。在帮助学生掌握重难点之后，引导学生关注时间点，按照时间顺序介绍自己的一天，并最终写出自己的一天，达到写作的目的。教师通过合理利用课文的句子，引导学生进行适当改编，使学生轻松掌握写作。有效地利用课文或优美的阅读材料，通过多种形式的语言实践活动，反复借鉴、模仿作者的写作手法和表达技巧，是写作的一个重要方法。学生在反复的实际运用中，掌握写作技能，为进一步独立写作创造了条件。

第七章　中西方文化对比

文化可以体现为不同的形态。美国人类学家克鲁克洪（Kluckhon）指出，文化“既包括显型式样又包括隐型式样”，他认为“显型文化寓于文字和事实所构成的规律之中，它经过耳濡目染的真实直接总结出来……隐型文化却是一种二级抽象”。

第一节　人名里的文化

人名文化是民族文化的典型部分。它通过文字和结构来体现文化的外在形式，通过隐藏在文字背后的道德、习俗、信仰等展现文化的精神内核。精神内在支配、影响着外在的文化形式。同时，准确全面的外在文字形式又可以揭示人名文化的内在涵义。

一、中国人的命名习俗

中国人认为，姓是表明家族的字；姓名则是姓与名的统称。姓氏也是表明家族的字，姓和氏本来是有分别的，姓起于女系，氏起于男系，社会不断发展变迁，姓和氏不再分男和女，慢慢地，姓氏就特指姓了。

古时候，中国人的姓名多为三个字，首字为姓，中间的字常为辈分，末尾的字是名。当代社会，随着中国相关生育政策的实施，中国人名中间作为辈分的字渐渐弱化甚至消失，姓名中的第二、三个字均为名，往往寄托着长辈亲人的希望和祝福，取名者的价值观可以在孩子的名字中管窥。因此，人名文化不仅是家庭的导向，更是民族文化的表现形式。

名字是一个人的标志，最初只是一个记号，用于区分。随着经济、文化的发展，名字慢慢有了更多的文化内涵。现在，人名的研究已经是一个范围广、历史长的社会课题，小小的名字，悠久的历史；简单的称呼，深层的文化。研究和解读名字，有助于让小学生在“称呼”这一表浅的问题上对所处社会有较为深刻的理解。

（一）命名原则

就像中国人做菜讲究“色、香、味”俱全一样，中国人取名的总原则是形、音、义俱美。外形讲究匀称简洁；喊起来顺口、响亮；涵义美好吉祥，如“华、英、刚、丽、明、红、生、祥、博、福、文”等。

当然，英语语言中，这种美好寓意的名字也很多，如：Albert 艾伯特，高贵的聪明；Antony 安东尼，值得赞美；Megan 梅根，伟大的；Baron 巴伦，勇敢的战士、高贵；Carl 卡尔，伟大的人、男子汉；Dana 戴纳，阳光、光耀；Evan 尔文，出身名门的人；Eli 伊莱，伟大、杰出；Ward 华德，护卫者；Hubery 休伯特，人格光明、思想灿烂的；Vincent 文森特，征服；Lambert 兰伯特，聪明的治产者、光明；Zach 扎克，光明的；Vito 维托，很活跃、气力旺盛的；Lucas 卢卡斯，光亮、照明；Samuel 塞缪尔，太阳的；Xavier 赛维尔，光辉灿烂；Fraser 弗雷泽，光明……

由于不同的人有不同的审美情趣，不同的时代有不同的审美标准，因此人们也并非总是遵循以上命名原则。有些人甚至还会用一些表示“不祥”“卑贱”等意义的字来命名，意在“以邪压邪”“贱而长寿”（王秉钦），因为有一种观点认为，凡是高贵的生命一般都比较短促，而数量众多、身价低贱的生命力却十分旺盛。如：

按当时的风俗，越是娇惯的孩子，取名时越要下贱，据说这样才能长命，不至夭折。司马公自然遵守此俗，给儿子取名叫“狗儿”。（徐飞《凤求凰》）

As the custom was in those days that the more one valued one's family background, the lowlier a name one gave him, in order to deter jealous deities snatching him out of this world for themselves, they called him *Puppy*.（Paul White 译）

（二）命名方式

（1）以生辰八字命名。这是中国人的传统命名习俗。有些家庭以孩子出生的时刻命名，如“丑子”“亥初”等；或与金、木、水、火、土这“五行”进行对照，如孩子八字五行缺水，就在孩子的名字中增加“江、河、波、涛、泉、川”等字，假若五行缺木，则会在名字或偏旁中加入带“木”的字眼，如“梵、森、林”等字，以弥补孩子生辰八字中的不足。

(2) 以出生时间、出生时的天气状况命名。如“冬生”“春生”“冬梅”或“雪英”“小雨”等。如：

子兴道：“不然。只因现今大小姐是正月初一所生，故名元春，余者方从了‘春’字。”(曹雪芹《红楼梦》)

“You don’t understand,” said Zixing. “They named the eldest girl *Yuanchun* because she was born on New Year’s Day, and so the others have *chun* in their names too.”

(3) 以排行顺序命名。如“王四”(Wang the Fourth)等。

(4) 以父母的名字命名。如父亲姓陈，母亲姓林，女儿叫陈琳；父亲姓缪，母亲姓刘，这对夫妇有可能将女儿取名为缪刘女等。

(5) 以出生地点命名。如“赵沪生”“李珈音”等。

(6) 以重要的历史事件或者历史节日命名。如“建军”“国庆”“重阳”等。

(7) 以动植物来命名。如鹏、雁、燕、凤、龙、虎；松、梅、花、荷、莲等。如“武松”(*Wu Song*)，姓武，名松。

(8) 以当时认为较贵重的金属命名。如“金锁”“银铃”“铜柱”等。

(9) 外来人名意译组合成中国名。如著名作家周立波，原名叫周绍仪，后借用英语 liberation 的音译而改名为“立波”；著名哲学家艾思奇，原名李生萱，后借用马克思的“思”和伊里奇・列宁的“奇”而取名为艾思奇，艾思奇谐音“爱思奇”。

二、中外人名文化对比与感受

人名，作为一种指称符号，在中西方有很多的同与不同。作为名字，都传递着历史或地理的信息，但是，比较中西方的名字可以发现：中国的人名人文性较强，包涵的历史、家族文化信息较多；西方的人名有更强的功能性，必然有更好的认知和导向性，体现了西方一贯的理性和实用原则。这与中西方的民族文化心理有密切关系。本部分试图通过分析中西方的姓与名来呈现一些中西方文化的重叠和对比。

中西姓氏的表达方式各种各样，丰富多彩。《羊城晚报》2005 年 9 月 7 日 A19 版上刊载了荆鸿的题为《搜“万家姓”》的文章，文章报道：在中国的姓氏中，最简单的姓只有一个最简单的汉字，即是“一”，最复杂的姓有七八个汉字之多，汉族也有用三个字作复姓的。下面就中国和英国、美国、法国等西方国家在“姓”这一点上所反映出的不同文化特征进行简要介绍。

(一) 中国人姓氏的主要来源

(1) 远古母系氏族社会，以母为姓，以“女”为旁，如姬、姜等。

(2) 以古国名为姓。例如，商朝有个阮国，其后代以阮为姓。

(3) 帝王赐姓。例如,唐为李家天下,李是国姓。

(4) 以祖先的字为姓。例如,鲁孝公的儿子子彄,字子臧,其后代以臧为姓。

(5) 以居住地为姓。例如,春秋齐国公族大夫分别居住东郭、南郭等地,便以东郭、南郭为姓;郑国大夫住在西门,便以西门为姓。如:

那人复姓西门(Ximen),单讳一个庆字,排行第一,人都唤他做西门大郎。近来发迹有钱,人都称他西门大官人。(施耐庵《水浒传》)

(6) 以神话传说动物为姓。如龙、凤等。

(7) 以现实动物名称为姓。如马、牛、熊等。这些动物都是古代宗教中自然崇拜观念的产物。汉语中一般不用凶狠的动物名称或具有不好联想意义的动物名称作为姓,比如没有人姓"狼"或"猪"等。

(8) 以职业为姓。如石、陶等。如:

石秀(Shi Xiu)一日早起五更,出外县买猪……(施耐庵《水浒传》)

(9) 以官职为姓。如司马、司徒等。

在中国,有些人用"虫,酱,妖,尸,犬,兽,仄,炕,鸡,兔"等为姓氏。这样的姓氏在一般人看来,非常不可思议。

这里顺便提一下中外人名选用的一个共同特点:

男刚女柔。人名的选用反映了父母对子女所寄托的期望或抱负,也在很大程度上代表了一定社会特定历史时期的时尚和人们的价值观念。汉语人名和英美人名都分男性和女性,男性名字通常体现男子的阳刚勇猛之气,因此往往多用含有刚强、奋斗、追求以及胸襟开阔等意义的字眼,而女性的名字则蕴含了女子阴柔秀美的容貌,因此多用娇柔、美丽、贤惠的字眼。这种性别意识是中国和英美等西方国家在人名文化上的共同心态。汉语中"刚、强、勇、杰、毅、凯、国、力、宏、峰、山、军、海、明、胜、志"等都是男子名字常用的字,而"娇、翠、玲、芳、秀、琳、眉、利、珍、花、慧、敏、娟、玉、燕、娜、春、枝、芝、丽"等都是女子名字中常用的字。一般情况下很容易通过名字辨别一个人的性别。

(二) 英语姓氏的来源

英语国家的姓氏体系基本上是一致的。尽管中西方文化有很大差异,但汉英姓氏来源却有着很多共通之处。我们熟悉的"老布什"和"小布什"就是典型的以"姓"(family name)为传承的两代人,这与中国文化中的"老李"和"小李"是一样的作用。当然也存在不同之处。英语姓氏主要来源于以下几个方面:

(1) 以职业为姓。这一点与中国文化里的姓氏来源相似,不同的是因西方强调对劳动的尊重和妇女独立等,所以职业的范围更广一些。在早期的英国,工匠是重要的职业,生活中需要各类工匠,于是就产生了一系列的姓氏,如 Goldsmith 金匠、Coppersmith 铜匠、Blacksmith 铁匠、Carpenter 木匠等。还有各类技师,如 Baker 面包师、Barber 理发师、Fisher 渔民、Tailor 裁缝、Hunter 猎人、Butcher 屠夫、Sailor 海员等都是常见的姓氏。

(2) 以家庭的居所特征为姓。很多家庭在多年的游牧中已经失去了家族的联系,他们最后乔迁到适合生活的某地,为了纪念这个居住地,他们便以地貌特征为姓,世代传承下来,常见的有 Field 田野、Hill 小山、Brook 小河、Lane 小巷、Shore 海岸、Lake 湖泊、Bush 丛林等。

(3) 以大自然的冷暖四季和风霜雨雪为姓。这类姓氏与以家庭居所特征为姓类似,为了表达对大自然的敬畏之心,鼓励家族顽强地生存,他们把居住地的自然现象总结并作为家庭的姓氏传承下来,常见的有 Snow 雪、Rain 雨、Thunder 雷、Frost 霜、Cloud 云、Summer 夏天、Winter 冬天、May 五月等。此类一般在汉语中找不到对应的姓氏,即使有,也不是表示自然现象。

(4) 以动物名称为姓。此类姓氏,中西方的文化里可以找到对应的内容。在中国百家姓里有很多表示动物的姓,如牛、马、熊等,一般以人类的朋友家畜居多,野生动物基本没有。相比之下,英语国家的人们对动物有很深的喜爱和尊重,以动物为友的意识比较强烈,他们以动物名称为姓的要多得多,而且有的确实还有点滑稽,中国人接受起来比较困难。如有姓鸟的 Bird,有姓鱼的 Fish,有姓狗的 Dog,有姓马的 Horse,有姓羊的 Lame,有姓公牛的 Bull,还有姓鹅的 Goose,姓夜莺的 Nightingale,姓狮子的 Lion,姓狐狸的 Fox 等等。真是五花八门,无奇不有。

(5) 以表示人的外貌和体形的词为姓。如,Longman 大个子,Smallman 身体瘦小的人,Bunch 驼背,Fatt 胖子,Strong 身强体壮者等。汉语中没有此类姓,而且往往把类似的称呼看作不太礼貌的外号。

英语国家的文化追求自我、凸显个性,而且因为不太崇尚宗族体系,所以人口比较散乱,特别是美国,曾是英国的殖民地,为求发展实施包容、开放的民族政策,吸引世界各地的人才,最终成为一个世界民族大熔炉,人们追求自我个性的价值观非常突出,喜欢标新立异,他们的名字也是如此。如有姓苹果 Apple,桔子 Orange,水稻 Rice,小麦 Wheat,玉米 Corn 之类的,还有姓熏肉 Bacon,火腿 Ham,咳嗽 Cough,毒药 Poison,骨灰 Ash 的,这些在中国的姓氏文化里无法接受。

(三)"重姓"与"重名"的民族心理

不管是在中国还是在西方,人们都有名有姓,这是中西社会的共同现象,但是在姓名的排列顺序上,中国同西方却有很大不同。中国人姓名排列的顺序和西方恰好相反,中国人姓在前,名在后,这样的排序是为了凸显所在的宗族;西方人则名在前,姓在后,体现孩子的个性,注重孩子自我的凸显。排列顺序体现出不同社会的文化内涵。例如,李重言,李是家族的姓,重言是寄托了家人期望的名,希望孩子言而有信;英语姓名的一般结构为教名 + 中间名 + 姓,如 William Jafferson Clinton,教名和中间名又称个人名(Given name),姓在最后(Family name),但在很多场合中间名往往略去不写,如 George Bush。

中国人认为："姓，人所生也"（《说文解字》），所以，姓的作用是："姓者，统者粗考之所生"（《通鉴·外纪》）。姓代表着族群和血缘关系。中国传统文化强调共性，强调群体，强调个体遵从家族。这必然会强化"姓"的重要性，让它发挥着凝聚的关键作用，让人们忽视自我、遵从集体。"姓"也自然在几千年的中华文化里摆在名字的最前面，而代表个体、个性符号的"名"则跟在后面。相比之下，与中国传统文化所崇尚的姓氏排列方式相反，西方人强调个性、尊重个体，所以他们在姓名排列的顺序上必然把代表个性的名放在前面，而把代表共性的姓放在后面。在我们的小学英语课本中（以鲁教版为例），也有名字称呼在这方面的体现。例如三年级上册，初学英语的第一册第一单元就是 Greetings，问候先要介绍称呼，全书几个主人公，中国小朋友的名字是全称，如 Li Ming，Guo Yang，Wang Hong 等，而外国小朋友的名字都是用了他们的 Given Name，也就是他们自己的名，没有出现姓，如 Peter，Jenny，Danny。当然也有文化共性，就是前面需要表示性别、职业等信息时，后面要连接的是姓而不是名，如里面两个教师的称呼：Miss Zhang，Mr Wood 就是在姓的前面加上这些信息。另外，Miss Zhang，Mr Wood 在英语中就是对女老师和男老师的称呼，而不是中国文化里的 Teacher Zhang，Teacher Wood。

中国人多"重姓"，西方人多"重名"，这是中西方人名文化最重要也是最明显的差异。

（四）美好的寓意和浓浓的亲情

中国的百家姓世界闻名，收录姓氏多而全，集中体现了中华几千年的姓氏延续和发展。现在常用的姓氏已经不像原来那么庞杂，也就 100 个左右。名的来源多种多样，但是大多源自美好的寓意和纪念辉煌的历史，寄托期望和抱负。如建国、高朗、浩轩、杰伟、诗曼、念露、清羽、永发、长生、超尘等。西方姓名虽然彰显个性，突出自我，但也常寄托美好的寓意和浓浓的亲情。如 Angelia 天使、Qearl 海的女儿、Oliver 平安的人、Sun 阳光、Dream 梦、Sky 天空等。

中国是一个文明古国，三纲五常的伦理道德影响了中国家庭几千年。妻凭夫贵也是自古以来的传统。现在仍有许多人以嫁入豪门为荣，但即使是这样，当代中国女性无论结婚前后都保留着自己独立的家姓。相反，在崇尚自由和较早提倡女性独立的西方国家，按照传统习惯，妇女结婚后一般都要使用丈夫的姓，即妇随夫姓。如 Marie White 小姐与 John Brown 先生结婚，婚后女方的姓名为 Marie Brown。所以，姓氏比任何一种文化更能直观地体现家人之间的浓浓亲情，父子的传承关系，夫妻的一体关系，无论东方还是西方，无论常人还是名人。

好听又吉利的艺名一般是改出来的。艺人的本名有时不适合作为公众形象的声音符号，往往要改个美雅的艺名。比如，香港影星梅艳芳本名何加男，杨钰莹本名杨岗丽，舒淇本名林立慧……男艺人中本名林方的歌星，谁也不知道，改成林依伦之后，一曲《爱情鸟》便远播四方；郑少秋本名郑创世，沉重低闷、不响亮。Bow

Wow 原名 Shad Gregory Moss，Marilyn Manson 原名 Brian Warner，Eminem 原名 Marshall Bruce Mathers Ⅲ，Pink 原名 Alecia Beth Moore……这些艺人都是改名之后方才大红大紫的。

可见，无论是中国还是西方，无论是普通人还是明星，有着指称功能的姓名都有着关联历史和社会的大学问。小学课本中的简单称呼却展现了中西方文化"重姓"与"重名"的不同民族心理。三年级上册是开设英语的最初学期，鲁教版前三个单元"Greetings""Introduction"和"Family"几乎都涉及生活中的名字和称呼。语言内容十分简单，可能鲜有英语教师去追究和讲述这些名字背后的内涵，学生们也自然地读着这些所谓"约定俗成"的名字，几年的小学英语课结束，我们除了教会孩子们这些必备的语言技巧，是否也可以在语言学习的黄金时期引导他们了解、感受博大精深的中国文化和通俗易用的西方文化那些微妙深远的同与不同背后的秘密？

第二节　舌尖上的文化

一个民族的传统饮食，反映着一个民族的历史文化特点。中国的饮食文化源远流长、特色鲜明，是中国人赖以生存的基础。东汉思想家王充在其著作《论衡》中写道："人之生地，以食为气，犹草以土为气，闭口不食，拔草离土，必不寿矣。"由此可见，人必得食是天经地义的道理。

随便翻一下小学英语教材的各个单元，虽然主题不同，但是好多单元都有涉及吃饭的图片，"Birthday""Christmas""Spring Festival"等主题都喜欢在餐桌上表达语言文化。饮食关系到一个社会的生存和发展。中国一向重视饮食，即重视"吃"，从而形成了中国丰富多彩的饮食文化。介绍我国的饮食文化也是我国教育工作者所面临的重要任务。本节主要介绍我国饮食与烹制的特点及驰名菜系。

一、中国饮食与烹制

阴阳五行哲学思想、儒家伦理道德观、中医营养摄生学说、文化艺术成就、饮食审美风尚、民族性格特征等诸多因素的影响形成了中国特有的饮食文化。中国的饮食文化源远流长，成形于先秦，以粗糙的谷物为主；丰富于汉代，因为汉代中西（西域）饮食文化的交流，引进了各类水果、蔬菜甚至烹饪方法；鼎盛于唐宋，形成了十分考究的饮食系列文化。"素蒸声音部，罔川图小样"，最具代表性的是烧尾宴。满汉全席代表了清代饮食文化的最高水平。

中国饮食注重选料、刀功、烹饪技巧和火候。选料，是中国厨师的首要技艺，选料讲求"精""细"。清代"满汉全席"的"四八珍"，就是指四组八珍组合的宴席。四八珍即山八珍、海八珍、禽八珍、草八珍，指 32 种珍贵的原料。刀功不仅是一种技术而且还是门艺术，有雕刻成镂空图案的花纹，有把刀工和摆拼结合的艺术性拼盘，再取上中国特色的吉祥名字就更加美轮美奂了。火候是烹调中最重要的环节，同时也是最难把握和说明的。可以这么说，中国厨师是积一生之经验、悟己身之灵性，充分发挥自己的创造力，进行着饮食艺术的创造，形成了丰富的中华饮食文明。

（一）常用原料

菜肴就是调制成的荤菜素菜的总称。菜肴的配料结构是菜食传承中最基本的内容。我国通常食用菜肴原料主要有以下六种类别：

（1）鱼肉类。这是古食俗中以动物为菜食原料的传承，包括家畜中的牛、羊、猪以及家禽中的鸡、鸭、鹅的肉以及大部分内脏；也包括野兽以及野禽的肉；还包括水产中的鱼、虾、蟹等。

（2）蛋乳类。由家禽派生出来的蛋类和乳类。

（3）油脂类。由家禽和鱼类提供的脂肪以及植物种子榨取得来的可食用油。

（4）蔬菜类。包括食用野菜和人工栽培的可食用青菜。蔬菜类种类广泛，既包括茎叶的白菜、韭菜、芹菜、菠菜等，也包括块根、块茎的萝卜、莲藕、土豆、甘薯等，还包括菌类的蘑菇、木耳，笋类和番茄类的蔬菜以及蒜、葱等。

（5）瓜果类。包括能制作干鲜果品的枣、栗、莲子、瓜子、核桃、松子、椰子、槟榔等，桃、李、梅、杏、梨、苹果、葡萄、石榴、柿子、荔枝、枇杷、柑橘、菠萝、香蕉等多种果、核、壳类食料，以及冬瓜、西瓜、南瓜、黄瓜、丝瓜、甜瓜等瓜类食品。

（6）调味类。包括盐、糖、醋、姜、辣椒、芥末、胡椒、花椒、桂皮、茴香、味精、鸡精、米酒等调料。

（二）烹制方法

把上述六种食料按一定比例、要求配制，可以做出成千上万种不同风味的菜肴，这就形成了各种菜食的类型。注意各种菜食不仅配料不同，而且烹制方式也不尽相同。

1. 美食与刀法

食料清洗完成后，第一道加工程序是用刀加工。刀工的技巧有很多，类型如下：

切、削—cutting；　　切片—slicing；　　切丝—shredding；
切碎—mincing；　　切丁—dicing；　　切柳—filleting；
去骨—boning；　　去皮—skinning/peeling；　　刮鳞—scaling；
剁末—mashing；　　刻、雕—carving。

2. 各种烹制方法

中式菜肴有50多种烹调方法，常用的主要有以下几种：

炒—stir-frying，这是中式菜肴最主要的亨调方法。

煎—pan-firying，也就是在锅内放少许的食用油，等油达到一定的温度后将要煎制的菜料放入锅内进行短时间的煎烹。

爆—quick-frying，其方法大致与煎相同，但所放入的油更少，火更大，时间更短。

炸—deep-frying，也就是在锅内放入的油更多，等到油煮沸后将所要制作的菜料放入锅中进行较长时间的煎煮，使食物松脆香酥。炸又可分为：干炸—dry deep-frying，软炸—soft deep-frying，酥炸—crisp deep-frying。

烧—braising，这也是中式菜肴最常用的烹调方法之一，些许油入锅，八成油温后，放入菜料，盖上锅盖烹煮。

煮—boiling，是指在锅内放入一定量的水、佐料，在文火上烧。煮可分为速煮—instant boiling，快煮—quick boiling。

蒸—steaming，将用调料或配料调制好的菜料放在碗或碟内，再将其放入锅中或蒸笼中隔水蒸。

炖、煨—simmering/stewing，也就是将菜料放在水或汤中，用文火慢慢加热熬煮。

熏—smoking，是指将宰杀的家禽或野味，用调料、香料调制好后，用特殊的树木柴禾熏烤而成，这种菜肴风味独特。

烤、烘—baking/broiling/grilling/roasting/basting，烘是指将菜料放在密封的烘炉里或铁板架子上烘，食物不与火直接接触；烤是指将菜料放在火上或火旁烧烤；而英语中的 basting 指在食物烧烤的过程中不时用食物油浇淋，以免食物烤焦。

白灼—scalding，是指将食物放在沸水中烫煮，然后取出来放佐料拌或热锅炒。烹制海鲜食品时通常用这种方法。

（三）中国驰名菜系

我国菜肴举世闻名，大多是从地方风味发展而成。我国主要有八大菜系，包括：汤汁多、工艺美、善用糖的闽菜（Fujian Cuisine）、“七滋八味”的香辣川菜（Sichuan Cuisine）、清淡鲜美的粤菜（Cantonese Cuisine）、入味三分的京菜（Beijing Cuisine）、“食不厌精，脍不厌细”的鲁菜（Shandong Cuisine）、宫廷大菜——苏菜（Jiangsu Cuisine）、油重色浓的湘菜（Hunan Cuisine）、酥嫩鲜醇的徽菜（Anhui Cuisine）。

(1) 闽菜的代表是福州菜，以“槽法”为特色。一种特殊的民间烹制法：用酒药泡制糯米、红米，封藏一年后，便成了玫瑰红色的香甜酸味的“红糟”，然后用它烹调菜肴。

(2) 川菜即四川菜肴。以善用麻辣调味著称。两大特色：红味讲究麻、辣、鲜、香；白味口味多变，包含甜、卤香、怪味等多种口味。代表菜品有鱼香肉丝、水煮鱼、夫妻肺片、麻婆豆腐、泡椒凤爪、四川火锅、辣子鸡等。

(3) 粤菜是中国八大菜系之一，具有悠久的历史，闻名海内外。粤菜注重色(color)、香(smell)、味(taste)、形(appealing)，具有五大特色：清(pure)、鲜(fresh)、嫩(tender)、滑(flowing)、爽(crispy)。粤菜融汇了广东各地的菜肴精品，以广州、潮汕和东江三个地方的地方菜肴为主体构成菜系。烹饪手法主要有爆炒(quick-frying)、蒸(steaming)、煮(boiling)、煨(stewing)、烹(frying)等。

(4) 京菜是以融合北方满、蒙、回、汉菜肴发展起来的菜系。它以烹调“全羊席”为代表。小吃有“爆羊肚儿”“烤羊肉”“涮羊肉”等名菜。

(5) 鲁菜是以济南胶州菜为代表的，以烹调海鲜著称，著名的糖醋鱼就是源于鲁菜。鲁菜讲究清脆，善于用糖醋汁，刀纹美观，喜欢用清汤和奶汤。

(6) 苏菜比较注重酥滑，讲究保持原汁原味，讲究比例，喜欢色彩搭配，尤其注意果品的雕花。

(7) 湘菜制作精细，用料上比较广泛，口味多变，品种繁多；色泽上油重色浓，讲求实惠；品味上注重香辣、香鲜、软嫩；制法上以煨、炖、腊、蒸、炒诸法见称。

(8) 徽菜是徽州菜。独具一格，自成一体。较为普遍的就会有清炖臭鳜鱼，香肠炖甲鱼，红烧果子狸等。因为明代徽商的兴起，这一地方风味逐步进入市肆，具有广泛的影响，明清时期一度居于八大菜系之首。

二、文化对比与感受

中国饮食文化与中国文化关联极其密切，其实整个世界都可以引用中国那句古语“民以食为天”。即使在小学英语课本中(以鲁教版为例)，在6册书，39个单元中，几乎每一个单元均涉猎食物或吃饭的图片信息。因而我们要了解“吃”的文化，就要了解一下中国文化特征下“吃”的历史。中国文明有着现实主义、伦理道德的特色。中国古人虽然倡导“存天理，灭人欲”，不过中国人也讲究民以食为天。在漫长的中国经济和文化发展的进程中，饮食文化的发展速度一直快于其他文化。其次，由于中国文化追求精益求精，配合发达的手工业，中国美食以“色香味俱全”的美名传播于世界。很多西方人眼中的一杯苦苦的茶水，却可以在中国人的嘴里品出健康、平静、忍耐的理性享受。所有这些，使中国饮食文化博大精深、技术发达、内涵丰富。

西方饮食文化的特征也集中展现了西方人的性情。现实的西方人在饮食方面也十分理性，食物是否有营养是首先考虑的事情。中国人好客、热情、爱面子，自然要做到色、香、味俱全。这就是两者的区别，我们经常可以看到，西方人早餐喜欢喝果汁，很少熬粥，喜欢吃蔬菜沙拉，很少炒菜，就是不想因爆炒而让新鲜食材失去营养。因此，西方人连炊具种类也少很多，一个煎锅、一个烤箱就是他们厨房的主要设备。

饮食是人们的日常，它在一个国家的文化中有着特殊的地位，西方和东方有很大的区别。

(一) 餐具

筷子和刀叉是东西方两种最典型的餐具，代表着两种不同的智慧。

(1) 中国人使用的餐具种类较少，这可能也受到和谐统一思想的影响。筷子通常是用竹子做的，手拿一双筷子享受美食，不仅经济而且方便。筷子几乎可以做我们双手所能做的一切，所以筷子通常被认为是手的伸展部分。

图 7.1　中式餐具

图 7.2　筷子在古代的描述

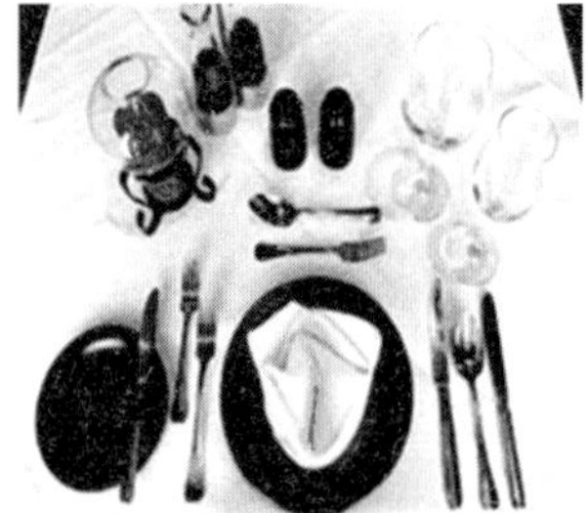

图 7.3　Knives and forks

(2) 在西方，人们经常为了一个目的而使用几种不同类型的餐具，这也可能是受个人主义思想的影响。

In the west, people often use several typed of table wares for one purpose, which may also probably result from the influence of the idea of individualism.

在餐具中，刀叉是西方最历史悠久的两种餐具。它们扮演着同样的角色，并且总是一起使用。西方人一只手拿着刀，另一只手拿着叉，用刀切食物，然后用叉子把食物放进嘴里。这已经成为他们日常吃饭的习惯。而且，在正式的宴会上要使用几套刀叉。这意味着，当他们吃一道菜时，使用一套刀叉，当他们吃另一道菜时，又使用另一套。

鲁教版小学英语四年级下册 Unit 3 的两个版块中就出现了两个不同的吃饭场景，分别展示了东西方两种不同的餐具。在中餐厅的吃饭对话中，因为谈到要吃“dumplings and noodle”，所以出现了筷子和勺子。在另外一个西餐场景，画面是刀、叉、盘子。教材的细节用心，让我们英语教育者倍感欣慰之余也要思考，如何在语言教学中及时、准确地渗透文化教学。

图 7.4　常用的西餐餐具

（二）餐桌礼仪

（1）中国的餐桌礼仪：在别人面前伸手去拿东西是不礼貌的；中国主人喜欢把食物礼貌地用筷子夹起，放在客人的盘子里，把骨头或果核放在不同的盘子里；如果客人的盘子是空的，主人会把它装满；不要从上菜的盘子里拿走最后一点食物；如果某样东西你够不着，你可以礼貌地请求别人把它递给你；把盘子放得满满的是不礼貌的；让你的盘子空着是不礼貌的；盘子放在桌子上，大家一起分享。

图 7.5　中国的长桌宴

（2）西方饮食一般是分餐制，每个人有自己的一份食物，不相互分享，一般不主动给别人夹菜，这样的卫生习惯符合西方人的现实主义观念。在西方，去主人家做客,一般要把主人准备的食物吃光,表示对食物的满意,而在中国,剩下食物才表示主人准备得丰盛,这与中国的好客文化密不可分。

图 7.6 西方分餐制

(三) 饮料

(1) 无论中国人走到哪里,喝茶的习俗都是一样的。(Wherever Chinese go, the custom of drinking tea follows.)

(2) 西方饮食文化中的酒,在其优雅生活中起到适当愉悦的作用。忙碌的一天结束之后,坐在一个杯子旁,酒红色悠闲的晶莹,让人身心愉悦。

图 7.7 中式茶道和西方餐前酒

(四) 饮食理念

中国饮食文化博大精深,角度多,品位高。

长期存在的地域文化使中国各族人民在长期的生产生活实践中积累和影响着周边国家和世界的物质财富和精神财富。

西方饮食文化是指西方在饮食中创造和积累的具有西方文化特色的物质财富和精神财富的结合。与其他类型的饮食文化相比,它具有很强的历史特色和制度结构,对现代饮食产生了很大的影响。

(1) 烹制的营养理念。中国饮食是一种有美感的饮食,注重"色、香、味"而不注重营养。西方饮食是一个理性的概念,不论食物的颜色、香、味和形状,但营养一定要保证。

(2) 烹制过程。中国食物的生产通常是煮、炸或烤、蒸等。

fry 煎　boil 煮　bake,roast 烤　deep fry 炸　stew 炖　steam 蒸　……

西方食品生产科学:① 讲究材料的质量和严格的精度。② 一个小而微妙的过程。

Grill or Broil 烧烤　Roast 炉烤　Bake 烘焙　Pan Broil 锅烧烤　Gratin 焗烤　Deep Fry 深油炸　……

图 7.8　美味和营养

图 7.9　五花八门的中式烹饪手法

图 7.10　简单营养的西式烹饪

三、结语

经济在发展，文化在碰撞，中西方饮食文化的交融已不仅仅存在于各类美食之间，它像一门语言，传递着酸甜苦辣和喜怒哀乐。就像如今特别风靡的一道西餐——“比萨”。“比萨”是一种由特殊的 sauce 和 stuffing 做成的具有意大利风味的食品，但其实这种食品已经超越语言与文化的障碍，成为全球通行的小吃，受到各国消费者的喜爱。有个关于其来源的说法让中西方的交流有了很好的见证。有人认为比萨源于中国：当年意大利著名旅行家马可·波罗在中国旅行时最喜欢吃一种北方流行的葱油馅饼。回到意大利后他一直想能够再次品尝，但却不会烤制。一个星期天，他与朋友在家中聚会，马可·波罗把其中一位来自那不勒斯的厨师叫到身边，描绘起中国北方的香葱馅饼来。那位厨师按马可·波罗所描绘的方法制作。但忙了半天，仍无法将馅料放入面团中。马可·波罗提议将馅料放在饼上吃。该厨师回到那不勒斯后按此法配上了当地的乳酪和调料，结果大受欢迎，从此“比萨”就传开了。这个传说已很难考证，但是这样的传说传递出中西方文化交融的历史，人民的友谊和对美食的向往会继续流传。作为英语教育者，在教授英语语言知识的同时，要时刻有解析文化的意识，才能在语言学习中了解到语言所蕴含的各国的饮食文化，真正突破国界、政治，为生活服务。

第三节　色 彩 文 化

睁开双眼，就看到一个斑斓的世界。我们无法避开色彩去谈文化，否则文化也会失去色彩。翻开小学英语课本，映入眼帘的是一幅幅五颜六色的人物和风景图画。一句句黑色的印刷体英文，为了区分模块，也用上了不同的底色。在学会常用的英文颜色词后，我们也要探究一下颜色背后的文化。

一、色彩与情绪

色彩对情绪有着显著的影响，它作用于人的感官、刺激人的神经，在心理上产生情绪方面的影响。在现代生活中这种影响尤为明显，所以现代的家具设计极其注重色彩、色调的搭配。甚至有些色彩对食欲都有影响。所以，相应的，一些主要色彩也可以表达一些情感、情绪。

（一）黄色的表情功能

黄色往往用来表示愤怒、恐惧、郁闷等情感。如：

气得黄了脸可以译成 *livid* with rage。

（二）红色的表情功能

红色常用来表示兴奋、激动、害羞、气愤等情感。

（1）表示兴奋。

红着脸可译成 *Red* in the face。

（2）表示害羞。

“你怎么动手动脚……”尼姑满脸通红的说，一面赶快走。（鲁迅《阿 Q 正传》）

“Who are you pawning? ...”demanded the nun, *flushing* all over her face as she quickened her pace.（杨宪益、戴乃迭译）

（3）表示气愤。

文君一听这话，心里像砸下一块石头，白白的脸不由得涨红起来。（徐飞《凤求凰》）

This intelligence crushed Wenjun's heart like a boulder. Her pale face *flushed scarlet*.（Paul White 译）

（4）表示诱惑。

她的唇是那么红，都使他觉得一种新的刺激。（老舍《骆驼祥子》）

Her face is so close to him, her clothes so clean and glossy, her lips so *red*, all stimulated him in a novel way.（施晓菁译）

（5）表示人年轻时的健康色。

他的脸臌满起来一些，可是不像原先那么红扑扑的了；脸色发黄，不显着足壮，也并不透出瘦弱。（老舍《骆驼祥子》）

His face had filled out a bit, though it was not as *ruddy* as before. He looked neither robust nor weak.（施晓菁译）

（6）表示同情、伤心。

四婶起初还踌躇，待到听完她自己的话，眼圈就有些红了。（鲁迅《祝福》）

My aunt had been undecided at first, but the rims of her eyes were rather *red* by the time Xianglin's Wife broke off.（杨宪益、戴乃迭译）

（7）表示女子美好的容颜，形容美女。

红颜常译作 *beauty*。

而英语中的 red 还可表示“极端危险、紧急、愤怒”等。如 red light district（红灯区），red alert（紧急报警），see red（发火）等。

（三）白色的表情功能

白色表示气愤、恼怒、紧张、焦虑、悲伤、冷漠等情感。

（1）表示气愤或恼怒。

探春没听完，已气得脸白气噎，抽抽咽咽的一面哭，一面问道：“谁是我舅舅？”

（曹雪芹《红楼梦》）

Before she had finished, Tanchun's face was *white* with anger. Nearly choking with sobs she demanded, "Who's my uncle? "（杨宪益、戴乃迭译）

（2）表示紧张或焦虑。

他（祥子）开始收拾东西。

"你要搬走吧?"小福子连嘴唇全白了。（老舍《骆驼祥子》）

He began to pack his things.

"You moving out?"She was *white* to the lips（施晓菁译）

（3）表示愁苦或悲伤。

宁国府街上一条白漫漫人来人往。（曹雪芹《红楼梦》）

The Ning Mansion was a sea of mourners in *white* interspersed.

（4）表示冷漠或鄙视。

他不说"是"，也没说"不是"，只是微微笑着。这使得张素素老大不高兴，向李玉亭白了眼，她撅起猩红的小嘴唇，叽叽咕咕地说。（茅盾《子夜》）

He neither agreed nor disagreed with her, but merely smiled cryptically, which did not please her at all. She *glanced at him resentfully*, pursed her little scarlet lips and muttered crossly.（ Yeh Chien-Yu 译）

同汉语文化不一样的是，英语文化中白色表示纯洁无瑕，如 a white spirit（纯洁的心灵）；对于英美民族的人们来说，白色象征"幸运、吉利"，如 a white day（吉日）。

（四）黑色的表情功能

汉语中，"黑"的象征意义多为贬义。比如，汉语"抹黑"一词中的"黑"就有不光彩的含义。"黑"代表着没有光明的黑暗，传说中的阴曹地府就是暗无天日的。"黑"会使人想起"不顺利、倒霉、不吉利、死亡、阴险、恐怖、狠毒"等。所以人们常用"黑暗"比喻"落后、腐朽的社会"，"黑心肠"来形容阴险狠毒的人。如：

咱们不招谁惹谁的，临完上天桥吃黑枣，冤不冤？你是明白人，明白人不吃眼前亏。（老舍《骆驼祥子》）

You and me, we don't harm or offend anyone, how unfair to end up at the Tanqiao execution ground with *lead jujubes* in our chests! Now you're smart and a smart fellow doesn't do something he knows they'll suffer for.（施晓菁译）

在中华传统文化中，人们常把"黑"同"黑暗、邪恶、奸诈、罪恶"联系在一起，"黑色"具有贬义色彩。如：

香菱红了脸，笑说："多谢姐姐了，谁知那起促狭鬼使黑心。"（曹雪芹《红楼梦》）

Xiangling blushed and said,"Thank you, sister. I never thought those mischievous imps would play such a *dirty trick* on me."（杨宪益、戴乃迭译）

汉语中，"黑"还可以用以表示"非法、不公开、秘密"等意思。如"黑社会""黑道"等。

英语民族用"black"表示不幸或灾难，如他们使用"black box"来表示一种置于飞机上、可记录飞行情况各种信息的"黑匣子"（汉语中的这一名称是根据英文翻译而来的），飞机失事后可根据其记录的各种信息分析失事原因，飞机失事当然就意味着不幸、痛苦和灾难了；"the black Friday"表示耶稣受难日，危险不祥的日子，也就是复活节的星期五；"black tiding"则是"噩耗、不幸的消息"之意。

（五）青色的表情功能

青色常被用来表示沮丧、愤懑、忧愁等情绪。

曾家驹下意识地拾取那手枪来，再对准那妇人和孩子；他的脸铁青，他的心卜卜地跳而且涨大。但此时那老妇人也抖索索地跑进来了，扑通跪在楼板上。（茅盾《子夜》）

More out of instinct than anything, Chia-chu picked up the pistol and aimed it at the mother and her child, his face *as black as thunder* and his heart thumping wildly. As he stood there, the old woman tottered in and fell trembling on her knees in front of him.（Yeh Chien-Yu 译）

（六）紫色的表情功能

紫色常用来形容人在害羞、激动或气愤时所呈现出的神色。如：

宝玉一时醒过来，方知是袭人送扇子来，羞的满面紫胀，夺了扇子，便忙忙的抽身跑了。（曹雪芹《红楼梦》）

When Baoyu came to himself and saw Xiren there, *blushing* all over his face he snatched the fan and ran off without a word.（杨宪益、戴乃迭译）

二、色彩与传统

颜色词与历史、社会、经济等现象密切相关，并表现出一定的社会属性。

（一）颜色词与服饰中的尊卑观念

古代人们把生活概括为衣食住行四个字。穿衣是文明的开始，服饰文化代表文明的发展、社会的进步。

1. 服饰颜色与官位等级、身份地位

历史上，无论中外都曾经将色彩作为区分尊卑、等级的礼仪文化来使用。在古罗马，明朗、华丽的颜色属于贵族，尊贵的紫色只能被特权阶级使用。在中国古代，服饰颜色规定更加严格。不同色彩代表着不同的等级地位和权力，色彩的使用遵从“上下有序”“尊卑有别”。

在周代，黄、红两色被认为是高贵的颜色，贵族、官吏的服饰颜色多为朱红、鹅黄；而黑色则是低贱色，贫民的服饰颜色是黑青、赭色。赤色是周代人们最崇尚的颜色，红色调成为帝王、贵族显要服饰的颜色。

在汉代，赤色是统治者崇尚的色彩，汉代的丞相、太尉都避用朱门，厅门涂黄色，以区别天子，称为“黄阁”。隋朝规定紫衫、白袍为五品以上官员的日常服饰，六品以下穿绯色。唐朝开始以袍衫的颜色区分官员的官位等级，除了皇帝可以穿黄色衣服以外，士庶不能穿黄色、红色的衣服。贞观四年（公元 630 年），规定三品穿紫色衣服，五品以上穿绯色衣服，六品穿深绿，七品穿浅绿，八品穿深青，九品穿浅青。明清两朝也极度崇尚黄色，清朝皇帝赐黄马褂是极大的恩典。

总之，黄色和红色明快鲜艳，显得华丽。紫色成为高贵色彩是因为紫色颜料与染料都很难制取，而且还极易分解。官职爵位等级不同，服饰、颜色有别。社会各阶层色彩分明，明亮的黄色属于天子，大红大紫属于权贵，青、绿属于官职人员，贫民生活中最缺乏颜色，只能穿青衣白布。直到今天人们仍然用“大红大紫”来形容一个人受到上司的宠信而显贵的样子。

咱们只去见官，省得捕快皂隶拿来。再者咱们只过去见了老太太、太太和众族人，大家公议了。（曹雪芹《红楼梦》）

We must go to find the judge before he sends police and *runners* to arrest me. After that we must go and see Their Ladyships and call the whole clan together to discuss this.（杨宪益、戴乃迭译）

2. 服饰颜色与职业

用服饰的颜色来区分职业在中外通用。在古罗马，哲学家的服装是紫色的；神学家的服装是黑色的；医生的服装是绿色的；占卜者的服装是白色的；平民的服装是土色或本色的。

在现代社会，人们仍然用服饰颜色来表示身着此颜色服饰的人的职业。如：

金领阶层（指有专业技能，又精经营管理的复合型人才）；白领阶层（指受过专门教育或技术培训的脑力劳动者）；蓝领阶层（指普通的体力劳动者）；灰领阶层（指服务性行业的职工）；粉红领阶层（指职业妇女群体）。

（二）颜色词与住、行的礼俗文化

色彩在建筑中体现在装饰方面。装饰是人的一种审美追求，建筑的社会功能驱使人们追求金碧辉煌的奢华。红色是古代宫廷及贵族显要的建筑物最常用的颜色，代表了富贵和权势。宫廷叫作“彤庭”，宫殿前的柱子叫作“赤阙”。因贵族府邸的门被漆成红色，故又称为“朱门”。如：

童进倒退着出了殿门，将朱扉轻轻关上。（徐飞《一江春水向东流》）

Having conveyed Yiyi to the royal presence, Tongjin tiptoed out, quietly closing *the vermilion doors* to the king's sitting room behind him.（Paul White 译）

建筑最讲究的是房顶，房顶上铺琉璃瓦的是特权阶级或富贵人家的建筑物。明清时期，黄色为富贵色，只有皇宫以及与帝王有关的建筑物或皇帝特许的一些重要建筑物如孔庙、雍和宫等才能使用琉璃瓦。

普通居民的房舍要么是青砖灰瓦，要么是白墙黑瓦，只有富裕人家的居室或庭院在廊柱、门厅、匾额上略微漆点颜色。

传统文化中，利用色彩来区分尊卑等级的做法涉及社会生活的多个方面。反映到语言中，就出现了一些习惯性的组合和搭配，比如色彩词“朱”，常用来形容具体的、可以涂染的物品。杜甫的著名诗歌：“朱门酒肉臭，路有冻死骨。”朱门，从色彩信息中表达了诗人对权贵的不满。

出行方面，古代交通工具中最常见的有牲畜、车辆和轿子。封建社会的车舆制度规定：贵者乘车，贱者徒行，商人不得乘马车。古代上层特权阶级喜欢用鲜亮的颜色及涂有鲜亮颜色的器物装饰车马。统治者们常用的是漂亮而尊贵的红色，天子所乘的车子被称为“朱路”，宫廷显贵们及朝廷使者所乘的红漆车叫“朱轮”“朱轩”。

明清两朝流行骡车。车围子的颜色也有等级规定，皇帝用明黄色，亲王以及三品以上的官员用红色，其余官员可以用宝石蓝、古铜色、绛色、豆绿色等。地位底下的人乘坐的驴车，车围子只能用青色或深蓝色。

轿子是中国古代特有的一种人力负重的交通工具，原本用于出行，汉代开始就用于权贵们的日常出行。明清时期，官轿和民轿的功能区分明显，轿子的装饰物以及颜色方面也有了明确的规定。皇帝乘坐的轿子有金玉珠宝、黄盖、黄帷，轿上涂上红漆绘上金色龙纹；亲王乘坐的轿子是银顶、黄盖、红帷、鹦鹉绿呢罩；郡王乘坐的轿子为银顶、红盖、红帷；汉人文官从大学士至二品文官乘坐的轿子为银顶、皂盖、皂帷；四品以下的官员乘坐的轿子为锡顶、皂盖、皂帷；没有官爵的民轿是黑油齐顶、平顶皂帷的小轿。由于轿子的装饰物以及色彩有了明确的规定，旁人一看就能知道乘坐者的身份。如：

贾母坐一乘八人大轿，李氏、凤姐儿、薛姨妈每人一乘四人轿，宝钗、黛玉二人共坐一辆翠盖珠缨八宝车，迎春、探春、惜春三人共坐一辆朱轮华盖车。（曹雪芹《红楼梦》）

The old lady's large sedan-chair had eight bearers; those of Li Wan. Xifeng and Aunt Xue, four apiece. The carriage shared by Baochai and Daiyu was gay with a *green awning*, pearl-tassels and designs of the Eight Prerious Things; that shared by the three Jia girls had *crimson wheels* and an ornamented covering.（杨宪益、戴乃迭译）

（三）颜色词与经济词汇

颜色词在经济术语中使用频繁。一些学者甚至运用色彩词，把现实中我国城镇居民经济来源的三种类型分别称为白色收入(white income)、灰色收入(grey income)和黑色收入(black income)。白色收入是指机关、团体、企事业单位在一定时期内支付给职工、干部的劳动报酬，包括工资、奖金、岗位津贴、劳保福利等，也指个人的存款和债券的利息收入，这部分收入一般是公开的，比较透明，故称“白色”。干部、职工通过付出额外劳动获得的工资以外收入是“灰色收入”。“黑色收入”则是指通过贪污、盗窃、索贿、受贿等非法手段获得的秘密收入。这种收入是通过非法渠道取得的，故称“ 黑色收入”。还有其他含有颜色词的用语，如赤字(in red ink)，亏本(in the red)，盈利(in the black)，黑市(black market)，黑货(smuggled goods)，黄牛(scalper)，红利(dividends)，红运(good luck)，红包(bonus)，红火(prosperous)等。

色彩词在使用中的丰富多样使得色彩语言在变化中得到了发展。我们在翻译色彩词时，要通过仔细的揣摩、详细的诠释理解色彩的内涵，结合语境，仔细推敲，谨慎处理。

三、文化对比与感受

如果脱离文化就无法讲解单词的含义，尤其是色彩。记住 red 是红色很简单，记住表示各种不同红色的词语如朱红、猩红、绯红、赤红、绛红、酡红、赭红等也不难。但进行跨文化交流不能停留在表面的词意翻译。红(red)在中西方文化背景下的含义极不相同。“红”在中国象征吉祥、喜庆。如“红灯笼”“红福字”；热闹兴旺叫“红火”；好运叫“走红”“当红”；分配合伙盈利叫“分红”。而在西方文化中，红(red)是一个贬义词，是“火”“血”的联想，它象征残暴、流血。在汉英两种语言中，表示颜色的词汇占据了很大的一部分。由于语言表达受地理环境、民俗风情、思维方式、宗教信仰、社会制度、文学艺术及生活方式等差异的影响，英汉两个民族对各种颜色词在视觉上和心理上所产生的联想，以及词所代表的象征意义、蕴含的寓意都不尽相同，同中有异，异中有同。下面是汉英基本颜色词的词义比较：

（一）颜色分类中西方对比

汉英两种语言的颜色词基本上分为三类：基本颜色词、实物颜色词以及色差颜色词。

1. 基本颜色词

基本颜色词是指那些本就用来表达事物色彩的颜色词。汉英民族对颜色的分类都采用七分法，如汉语中把颜色分为赤、橙、黄、绿、青、蓝、紫，英语中把颜色分为

red, orange, yellow, green, blue, indigo 及 violet。这样，在英汉两种语言的转换过程中，对于基本的颜色词就不难找到各自的对应语。如：

It came from the variegated plum flowers, *red*, *white*, *green* and *vermilion*. Standing there, each tree was individually veiled in poetic inspiration. The *white* magnolias were beginning to turn *yellowish* although the winter jasmines were just showing a *lovely yellow*. The spring beauty there was immeasurable. Who knew how many times deeper then the depth of Dianchi Lake nearby. （LeeYuhua 译）

2．实物颜色词

还有一类主要的颜色词叫实物颜色词，是主要的颜色词。顾名思义，实物颜色词是指用物体本色来表示颜色的词语，如金黄色（gold）、银白色（silver）、橙黄色（orange）、橘红色（orange-red）等。这类颜色词生动、直观，是人们认识和感知颜色的最基本、最直接的方法，应用广泛。

由于人类有许多共同的经历，汉英两个民族的祖先，早就注意到火、血、雪、树木、花草等事物的特征，反映在汉英两种语言中便是不约而同地使用这些人们早已熟悉的东西来形容事物的颜色。如，英语用 fire 表示“鲜红色”，汉语中有“血红”，英语则用 blood-red 来指代。

但是，由于汉英两个民族各有其不同的历史进程、人文环境和民族心理，在指代同一实物颜色时，往往又有不同的表达方式，这反映了汉英两个民族在看待事物时视角及思维方式上的差异。如汉语中用“米色”描述一种淡黄色，英语则用 cream 或 creamy 或 butter-yellow 来描述这种颜色。这是因为，米是中国人日常生活中最普遍的食物，而奶油和黄油则是英国人的普遍食物，采用这种人们熟悉的词语来表示这种颜色易于让人们理解和感知。再如，英语中常用 salmon（沙文鱼）代表一种橙红色，用 turkey-cock（雄火鸡）来形容一种鲜红色，但中国人对这两种事物均比较陌生，因此汉语中就没有相同实物颜色词与之对应。

同基本颜色词相比，实物颜色词能够更具体、更准确地表达事物的颜色。不仅如此，实物颜色词还能表达说话者的情绪、态度、看法等。如 snow 除了表示白色外，还可以使人联想到雪的那种洁白无瑕。

3．现代汉语中的颜色词——色差颜色词

与古代相比，现代汉语中的颜色词有了很大变化，最显著的是从单色词到复合词的转变。与人的眼睛对色彩差异的细微感受相比，表达这些色彩的词语十分有限。如“青”有时指绿色，有时指蓝色，有时指黑色，那么“青”到底是什么颜色？这就得看它跟什么词组合，在什么情况下使用了。

因此，当代复合色彩词已成为主流，许多单音色彩词大多作为构词语素使用，有的与其他表示色彩意义的语素构成色彩词，如表示各种不同红色的词语有朱红、猩红、绯红、赤红、绛红、酡红、赭红等；有些色彩词作为修饰语放在中心名词的前后构成常用词汇，如赤豆、苍山、翠竹、乌云、铁血丹心、面红耳赤等。现代汉语常用复合色彩词中的词根语素大多是由基本色彩词转化而来的，如红、黄、白、黑、绿、蓝、紫、灰、橙、棕、褐等，这些语素所表示的都是色谱中的主要色调，能细微表示出同一色系的其他色彩，如黑色系列中还可以细分为黑紫色、黑棕色、黑褐色、黑红色、黑灰色、黑黄色、黑青色等。

现代汉语中色彩词的丰富，使作家们在描绘大自然的景色时有了更大的表现空间。常用的有：golden（金黄）、deep blue（深蓝）、jade-green（碧绿）、pink（微红）、silver-grey（灰亮）、grayish red（灰红）、dark red（黑红）、ashen（灰黑色）、grey（淡墨色）、soft blue（嫩蓝色）等。

（二）几种常用颜色词的中西方对比

1. 黄色

在汉语中，表示黄色调的词有黄、浅黄、褐黄、赭黄、鹅黄、金黄、娇黄、松黄、赤黄、苍黄等。英语中表示“黄”色的词有 yellow（黄色的），yellowish（浅黄色的），yellowy（略带黄色的）。

2. 红色

在汉语中表示红色调的词有赤、朱，表示深红色的词有绛，表示红褐色的词是赫，表示橘红色的是缇，表示红色的词语有大红、莲红、桃红、水红、木红、嫣红、朱红、紫红、玫瑰红等，多达 40 多个。英语中表示红色的词语多达 100 多个；表示粉红的词语以 C 开头的就多达 30 多个（包惠南、包昂，2004：164）。而且，汉语中的红与英语中的 red 并非总是完全对等，如红糖、红茶、红豆、红利等的对应英文词语是 brown sugar，black tea，love pea，div-idend。

3. 白色

汉语中白色调的词有白、素、皎、皙等。“白”还可与其他的词组成月白、象牙白、苍白、莹白、白花花、白皑皑、白晃晃等。

上面是铅色的天，白皑皑的绝无精彩，而且微雪又飞舞起来了。（鲁迅《在酒楼上》）

Above was the leaden sky, a colorless *dead white*; moreover a flurry of snow had begun to fall.（杨完益、戴乃迭译）

汉语中的白也不总是等于英语中的 white。比如说，在涉及用汉语的白来描述人的皮肤时，我们就不能用英语中的 white 来表示，而应该用 fair 来表示。

另外，白很多时候还可以同其他汉字一起构成各种表示物体或物品的词语。这时，白已经失去其表示颜色的意义，翻译时就不能将其翻译成表示颜色的白，比如白痴（idiot）等。同样，英语中也有一个短语叫作 a white lie，其中的 white 也不是白色的意思，整个短语的意思是友好而善意的谎言。再如：

“别动！”茶馆掌柜的有经验，拦住了大家。他独自过去，把老车夫的脖领解开，就地扶起来，用把椅子戗在背后，用手勒着双肩：“白糖水，快！”（老舍《骆驼祥子》）

"Don't move!" The teahouse manager, an experienced man, stopped the crowd. Going over alone, he loosened the old man's collar, propped him up against a chair and held his two shoulders: "Bring some *sugar water*, quick."(施晓菁译)

白在中文中还常常可以用来表示徒劳或没有代价的意思。这时,白字也不表示颜色,而是副词。翻译时,须根据其所使用的语言环境,仔细体会白的含义,译出白的意义。如:

谁知我是白操了这个心,弄得有冤无处诉!(曹雪芹《红楼梦》)

But apparently *it was no use my hoping for that*. There's nobody I can tell how unhappy I am.(杨宪益、戴乃迭译)

4. 青色

绿色调的青是大自然中最常见的颜色,也是人们乐于观赏的颜色,人们喜欢到遍布青松翠柏、青青翠竹、茵茵青草的大自然中去踏青、看青。青草、青翠、青山绿水等词语中青表示的是绿色。在《荀子·劝学篇》中有"青,取之于蓝,而胜于蓝"之说,这里的"青"则表示蓝色。李白有诗云"君不见高堂明镜悲白发,朝如青丝暮成雪",《别思》诗中有"十里长亭霜满天,青丝白发度何年",这里"青丝"一词中的"青"则是黑之意。青还可以指苍白之意。所以,青到底是什么意思,要看此词在什么情形下同什么词组合在一起,才能确定其含义。如:

他(祥子)慢慢地走了进去。桌上有几个还不甚熟的白梨,皮儿还发青。一把酒壶,三个白瓷酒盅。一个头号大盘子,摆着半只酱鸡和些熏猪肝酱肚之类的吃食。(老舍《骆驼祥子》)

Slowly he walked in. On the table were some half-ripe still *greenish* pears, a pot of liquor, three white porcelain wine-cups and a huge plate filled with half a jellied chicken cooked in soy sauce, smoked liver, tripe and other cold meats (施晓菁译)

[注] "发青"在此句子中是指还未成熟,梨皮颜色是绿色的。

英国语言学家帕默尔(Palmer)说过:"语言忠实反映了一个民族的全部历史、文化,忠实地反映了它的各种游戏和娱乐,各种信仰和偏见。"这就要求我们切实了解产生与使用该语言的国家的文化传统、价值观念、风土人情,善于分析、比较颜色词语在不同文化中的象征意义以及它所承载的文化信息,正确理解,正确翻译,从而有效地进行跨文化语言交际,不断促进和加强各国人民之间文化的交流与融合。

在鲁教版小学英语课本五年级上册的 Unit 2 Lesson 4 Part 3 "Let's read"版块有一段文字:

When we see different colours, we may have different feelings. When we stay in a red room, we may feel excited or become angry easily. When we wear blue clothes, we may feel calm and peaceful. But sometimes blue may make us sad. So when you are sad, you can say "I feel blue."

英语教师很少在课堂上深入讲解这个版块，因为这既不是本单元的重点文章，也不是练习中的核心环节，这一单元的标题也不是颜色，只是一个"读一读"的小窗口。但是这段短短的文字却全面、生动、简单地说明了颜色和情绪、颜色和感受的密切关系以及颜色的语用功能。类似的还有很多，例如，在讲四季单词时，颜色的生动运用；在讲节日时，食物、色彩、习俗的多彩展示；在讲国家名称时，各国标志性建筑、人物通过图片适时地呈现；还有贯穿整个小学英语教材的人名、称呼都在向我们展示多彩的文化。所以，作为当代小学英语教师和职前教师，不仅要有"讲一碗水，有一桶水"的概念，更要时刻告诫自己，讲英语、教英语要时时游走在语言和文化的断层处，研究语言，提炼文化，撒播知识，播种信念。

参考文献

[1] 熊兵.美国结构主义语言学:回顾与反思[J].外语与外语教学,2003(8):50.

[2] 郑玉琪,高健,侯旭.英语教学理论范式嬗变与重构[M].南京:东南大学出版社,2017.

[3] 康陆,陈晓明.当代英语教学理论与策略新视角探析[M].北京:中国书籍出版社,2016.

[4] 王淑杰.当代国际小学外语理论发展研究[M].广州:中山大学出版社,2009.

[5] 张志远.儿童英语教学法[M].北京:外语教学与研究出版社,2002.

[6] 胡春洞,包天仁.中国当代著名英语教学法流派[M].长春:吉林教育出版社,2002.

[7] 刘润清.西方语言学流派[M].北京:外语教学与研究出版社,2002.

[8] 张荣斌.儿童英语教学技能[M].北京:对外经济贸易大学出版社,2008.

[9] 中华人民共和国教育部.义务教育英语课程标准:2011年版[M].北京:北京师范大学出版社,2017.

[10] 湖南省教育厅.中学教育心理学[M].湖南:湖南人民出版社,2006.

[11] 刘昌亚,李健聪.中国教育统计年鉴:2017[M].北京:中国统计出版社,2018.

[12] 卡尔·雅斯贝尔斯.什么是教育[M].邹进,译.北京:生活·读书·新知三联书店,1991.

[13] KRASHEN S D. The input hypothesis: issues and implications[M]. London: Longman, 1985.

[14] 杨艳华,廉洁.图式理论与英语听力理解[J].大连民族大学学报,2006(2):81.

[15] 鲍里奇.有效教学方法[M].4版.南京:江苏教育出版社,2002.

[16] 蒋伟.小学英语听力教学策略探讨[J].好家长,2018(87):111.

[17] 刘婵.浅谈小学英语听力教学的现状及教学策略[J].中国校外教育,2019,663(7):96.

[18] 陈琳,程晓堂,高洪德,等.英语教学研究和案例[M].北京:高等教育出版社,2007.

[19] 程晓堂,王建平.小学英语故事教学的意义和方法[J].黑龙江教育(小学文选),2008(10):36.

[20] 费如春.探寻小学英语故事教学的有效策略[J].辽宁教育,2014(10):71.

[21] 符梅玫.基于阅读圈活动的英语泛读教学探究:以《一个小时的故事》为例[J].学园,2017(10):8.

[22] 黄晓彬,贠翔悦.小学英语绘本教学研究的历史、现状与未来[J].当代教育理论与实践,2018,10(4):16.

[23] 王丽春.小学英语教学技能[M].上海:华东师范大学出版社,2012.

[24] 倪翠薇.浅谈童话剧表演的指导策略[J].时代教育,2014(10):299.

[25] 谭海云.英语课堂:学生表演的舞台[J].小学时代(教育研究),2011(2):71.

[26] 徐芸.如何提高小学英语教学短剧表演的有效性[J].教育导刊,2011(9):94.

[27] 黄远振.小学英语课本剧教学要义与创新逻辑[J].中小学课堂教学研究,2016(1):41.

[28] 顾明远.教育大辞典[M].上海:上海教育出版社,1990.

[29] 单中惠.西方教育学名著提要[M].江西:江西人民出版社,2004.

[30] 鲁子问.小学英语教学游戏理论与实践案例[M].北京:中国电力出版社,2005.

[31] 中华人民共和国教育部.英语课程标准:2011年版[M].北京:北京师范大学出版社,2012.

[32] 刘青.走进名师课堂[M].济南:山东人民出版社,2009.

[33] 万亚莉.巧用英语童谣进行语音训练[J].江苏教育研究(实践版),2012(3):24.

[34] 邓萍.利用英语童谣促进幼儿英语语感发展的探索与思考[J].教育教学论

坛,2010(20):96.
[35] 雷晓慧.英语童谣在英语教学中的应用[J].新校园(阅读),2018(1):97.
[36] 宋倩男.小学英语教学中自然拼读法运用的常见问题分析[J].校园英语,2018(7):87.
[37] 黄亚玮.小学英语自然拼读教学的应用研究[D].武汉:华中师范大学,2018.
[38] 张祎炜.自然拼读法与国际法在英语教学中的应用研究[J].英语广场(学术研究),2018(5):152.
[39] 唐金萍,张春艳.自然拼读法与国际音标教学之争[J].长江丛刊,2018(10).
[40] 张敬彩.小学英语课程与教学论[M].北京:北京师范大学出版社,2016.
[41] 刘晓.儿童本位视角下的小学英语写作教学策略研究[J].英语教师,2018,18(21):64.
[42] 王秉钦.论中西人名文化比较与翻译[J].外语与外语教学,1994(10):20.
[43] 老舍.骆驼祥子[M].施晓菁,译.北京:外文出版社,2001.
[44] 鲁迅.阿Q正传[M].杨宪益,戴乃迭,译.北京:外文出版社,2001.
[45] 罗贯中.三国演义[M].长沙:岳麓书社,1986.
[46] 包惠南,包昂.中国文化与汉英翻译[M].北京:外文出版社,2004.
[47] 杜学增.中英(英语国家)文化习俗比较[M].北京:外语教育与研究出版社,1999.
[48] 卢红梅.华夏文化与汉英翻译[M].武汉:武汉大学出版社,2006.
[49] 旅游英语翻译课程讲义[EB/OL]. https://max.book118.com/html/2017/0526/109327030.shtm.
[50] 杜晶晶.跨文化视角下的英语翻译探析[J].青年文学家,2013(15):169.
[51] 基于文化差异的英汉翻译探究[Z].学术论文联合比对库,2013.
[52] 宁会勤.中西方文化中颜色词的对比和翻译初探[J].中国西部科技,2009,8(22):88.
[53] 外语教学法主要流派及其特点[EB/OL]. https://www.docin.com.